Anton Kalteyer / Rainer Stephan / Gabriele Werner

Für euch – für dich – für alle

Gemeindekatechetischer Kommunionkurs

Kursbuch für die katechetische Arbeit mit Eltern

Unter Mitarbeit von

Doris Becker, Marianne Engel, Anette Feldes-Stephan, Jürgen Heckmann, Monika Müller, Gabriele Panning, Maria Sieben, Matthias Selzer, Hans Tölg, Bardo Zöller

Matthias-Grünewald-Verlag · Mainz

verlags gruppe engagement
Der Matthias-Grünewald-Verlag ist Mitglied
der Verlagsgruppe engagement

Die Deutsche Bibliothek – CIP-Einheitsaufnahme

Ein Titeldatensatz für diese Publikation ist bei der
Deutschen Bibliothek erhältlich

Umschlag: Harun Kloppe, Mainz
Druck und Bindung: Fuldaer Verlagsanstalt

ISBN 3-7867-2224-2

Inhalt

Vorwort 7

A. GRUNDLAGEN FÜR DIE KATECHETISCHE ARBEIT MIT ELTERN

a. Unterscheidung von Elternarbeit, Elternkatechese und Erwachsenenkatechese 9

1. Eltern*arbeit* ist unverzichtbar 9
2. Eltern*katechese* ist über den unverzichtbaren Teil hinaus wichtig 10
3. Erwachsenen*katechese* ist wünschenswert 10

b. Kennzeichen einer postmodernen Gesellschaft 11

1. Individualisierungsdynamik 12
2. Pluralisierung und Differenzierung 12
3. Grenzen des Fortschritts 13
4. Beschleunigung und Globalisierung 13
5. Der neue Stellenwert der Freizeit 14
6. Konzequenzen für die katechetische Praxis 14

c. Zur Lebenssituation von Eltern und Familien 16

1. Zur Situation von Eltern 16
2. Zur Situation von Familien 17

d. Modelle für eine katechetische Arbeit mit Eltern 18

1. Übersichtsschema zur bisherigen Form der katechetischen Arbeit mit Eltern 18
2. Übersichtsschema in einer weiterentwickelten Form 19
   2.1 Werbung, Befähigung und Begleitung von ErwachsenenkatechetInnen 19

2.2 Elternarbeit, Elternkatechese und Erwachsenenkatechese im Rahmen des Kommunionkurses ... 22
3. Übersichtsskizze zur Entwicklung einer Katechese ... 24
3.1 Acht Schritte zur Entwicklung einer Katechese ... 24

B. ELTERNARBEIT

a. Einladung zum Kommunionkurs ... 27

1. Möglichkeiten der Kurseinladung ... 27
2. Kurseinladung ... 27
3. Kursanmeldung ... 27

b. Informationselternabend ... 31

1. Inhalte für das Gespräch mit den Eltern ... 31
2. Verlauf des Treffens ... 32

c. Einführung in die wesentlichen Kursinhalte ... 37

1. Elterntreffen im Rahmen der Elternarbeit zum Thema: Jesus Christus ... 37
2. Elterntreffen im Rahmen der Elternarbeit zum Thema: Umkehr – wohin? – Zu einem Leben in Fülle ... 41
3. Elterntreffen im Rahmen der Elternarbeit zum Thema: Was brauchst du? – Sehnsucht nach Leben ... 44
4. Bausteine für weitere Themen in der Elternarbeit ... 48

C. AUF DEM WEG ZUR ELTERNKATECHESE

a. Einführung zur Elternkatechese ... 52

1. Elternkatechese braucht Erwachsenenkatechetinnen und Erwachsenenkatecheten ... 52

b. Katechetische Bausteine auf dem Weg zur Elternkatechese ... 53

1. Einführung ... 53

2. Einige Hinweise zur Arbeit mit den Bausteinen 54
3. Bausteine auf dem Weg zur Elternkatechese 54
3.1 Farbbild – Mit Farben ein Bild gestalten 54
3.2 Bewegliche Figur – Welche Haltung ist für Ihr Kind charakteristisch? 56
3.3 Eine Reisegesellschaft – Was braucht Ihr Kind wirklich, um seine Zukunft gestalten zu können? 58
3.4 Legematerial und Tücher – Welches Legebild passt zu Ihrem Kind? . . . 60
3.5 Übertragbarkeit der Bausteine für die Erwachsenenkatechese 61
3.6 Zur Gestaltung weiterer Elternkatechesen 62
3.7 Bausteine für die inhaltliche Gestaltung von Elterngesprächen in der Eltern- und Erwachsenenkatechese 62

c. Gemeinsame Veranstaltungen von Eltern und Kindern im Kursverlauf 64

1. Einige weitere Beispiele für gemeinsame Veranstaltungen von Eltern und Kindern 65

D. ZENTRALE AUSBILDUNGSINHALTE ZUR QUALIFIZIERUNG VON ERWACHSENENKATECHET(INN)EN

a. Grundlegendes zur Erwachsenenkatechese 67

1. Zehn gute Gründe für die Erwachsenenkatechese in kleinen Gruppen . . 67
2. Werbung von ErwachsenenkatechetInnen 67
3. Begleitung von ErwachsenenkatechetInnen 68

b. Wichtige Kursinhalte zur Ausbildung von ErwachsenenkatechetInnen 69

1. KatechetIn sein 70
1.1 Katechese 1 – Was brauche ich an Fähigkeiten und Grundhaltungen in der Weitergabe des Glaubens? 70
1.2 Katechese 2 – Biblische Vergewisserung für die Begleitung von Glaubenswegen am Beispiel von Apostelgeschichte 8 71

2. Mein Glaube 74
2.1 Katechese 3 – Wie habe ich glauben gelernt? 74
2.2 Zur Katechese 4 – Mein katechetisches Verständnis muss sich an Jesus Christus ausrichten – Jesus als Katechet 75
3. Mein Glaube und der Glaube der Kirche 78
3.1 Katechese 5 – Worauf es in der Katechese ankommt 78
4. Weiterführende Literatur für die Ausbildung von Erwachsenen-katechetInnen 80

Vorwort

Das vorliegende „Kursbuch für die katechetische Arbeit mit Eltern“ ist für die Hand der Hauptamtlichen in den Gemeinden und insbesondere für die Kursleitung des Kommunionkurses bestimmt. Ihnen wird hiermit ein Buch an die Hand gegeben, das aufzeigt, wie unter den gesellschaftlichen Bedingungen von heute Elterngespräche stattfinden können. In vier Kapiteln werden ihnen differenzierte Zugänge und Materialien für einen katechetischen Dialog mit Eltern angeboten. Das Kursbuch unterscheidet zwischen unverzichtbarer Elternarbeit im Rahmen des Kommunionkurses, einer Elternkatechese, in der die Eltern in ihrer Rolle als Vater oder Mutter angesprochen werden, sowie einer erstrebenswerten Erwachsenenkatechese, bei der Eltern mit ihrer jeweiligen Lebenssituation als Erwachsene im Mittelpunkt der Aufmerksamkeit stehen. Gemeinsame Veranstaltungen von Eltern und Kindern im Kursverlauf lassen Gemeinschaft erlebbar werden. Das Kursbuch stellt Ihnen hierzu exemplarisch einige Modelle vor.
Schritt für Schritt wird der Weg von einer unverzichtbaren Elternarbeit bis hin zur Eltern- bzw. Erwachsenenkatechese beschrieben. Aus ganz unterschiedlichen Gemeindesituationen (von der Diasporagemeinde über Gemeinden im städtischen Milieu bis hin zu Pfarrgemeinden mit vielen Filialgemeinden) konnten Erfahrungen zusammengetragen werden, sodass die jeweiligen Inhalte bausteinartig vorgestellt werden. Jeden Baustein gilt es auf die entsprechende Situation in der Gemeinde vor Ort weiterzuentwickeln. Das Kursbuch lebt von *Ihrer* Innovation, *Ihren* Ideen und Weiterentwicklungen.
Katechetische Bausteine unterstützen Sie bei der Themenfindung in den Elterngruppen. Zur Entwicklung von Eltern- und Erwachsenenkatechesen dient eine Modellübersicht, mit deren Hilfe der Weg zur Entwicklung einer Katechese beschrieben wird. Weitere Bausteine zur Gestaltung einer Katechese finden Sie in den sich anschließenden Themenübersichten ausgewählter Arbeitshilfen.
Die katechetische Arbeit mit Eltern braucht kleine, überschaubare Elterngruppen, die von eigens dafür ausgebildeten ErwachsenenkatechetInnen begleitet werden.

Das vorliegende Kursbuch bietet Ihnen für die Qualifizierung von Erwachsenen-katechetInnen zentrale Kursinhalte an, die sich für Ihre Arbeit als hilfreich erweisen werden.
Wir wünschen Ihnen viele interessante Begegnungen und Gespräche im Kreis von Eltern und viel Freude in Ihrem Engagement.

Anton Kalteyer
Rainer Stephan
Gabriele Werner
und MitarbeiterInnen

A. GRUNDLAGEN FÜR DIE KATECHETISCHE ARBEIT MIT ELTERN

a. Unterscheidung von Elternarbeit, Elternkatechese und Erwachsenenkatechese

Im vorliegenden „Kursbuch für die katechetische Arbeit mit Eltern" werden die Elterngespräche im Rahmen des Kommunionkurses inhaltlich differenziert und je nach Zielsetzung der Elternarbeit, der Elternkatechese oder der Erwachsenenkatechese zugeordnet.

1. Eltern*arbeit* ist unverzichtbar

Eltern, Alleinerziehende oder Erziehungsberechtigte sind die ersten KatechetInnen ihrer Kinder. Sie wünschen die Feier der Sakramente für ihre Kinder. In ihrer Verantwortung und mit ihrem Wunsch gilt es die Eltern ernst und anzunehmen. Konkret bedeutet dies für die Eltern*arbeit:*

- Gegenseitige Information
  Überblick über den Kursverlauf (mit allen Terminen)
  Einführung in wesentliche Kursinhalte (Jesuskatechesen, Versöhnungskatechesen, Eucharistiekatechesen)
- Miteinander Vereinbarungen zum Kursverlauf treffen (Gruppenleitungen, Elterntreffen usw.).
- Gegenseitige Erwartungen abklären (Sonntagsgottesdienst, Ferienzeiten, Gestaltung der Erstkommunionfeier, Mitarbeit der Eltern im Kurs usw.).

Die Eltern*arbeit* ist unverzichtbar, weil Eltern die Aufgabe der religiösen Erziehung ihrer Kinder haben.

Fazit:
Eucharistiekatechese braucht eine angemessene Eltern*arbeit,* die sich an den Gegebenheiten vor Ort orientieren muss.

Kein Kind kann einfach nur zum Kurs „abgegeben“ werden. Mit Eltern, Alleinerziehenden oder Erziehungsberechtigten, die nicht zum Informationstreffen kommen (können), wird im Gespräch überlegt und vereinbart, wie Verbindlichkeiten herzustellen sind. Wünschen Eltern den Sakramentenempfang für ihr Kind, so kann dieser Wunsch nur gemeinsam erfüllt werden.

2. Eltern*katechese* ist über den unverzichtbaren Teil hinaus wichtig

Eltern, Alleinerziehende oder Erziehungsberechtigte haben Fragen, ggf. auch Schwierigkeiten in ihrer Rolle als Vater oder Mutter. Die Aufgabe, Kinder zu erziehen, ist nicht immer einfach. Im Raum der Pfarrgemeinde können Eltern erfahren, dass sie in ihrer Rolle als Vater oder Mutter und in ihrer Aufgabe bei der Erziehung ihrer Kinder begleitet und unterstützt werden. Die Eltern*katechese* braucht überschaubare kleine Gruppen, in denen ein Dialog möglich wird, so dass die Fragen der Eltern zur Sprache kommen können und der Glaube als Lebenshilfe erfahrbar werden kann.
Konkret bedeutet dies für die Eltern*katechese:*

- Zusammen mit den Eltern gilt es Themen für die Eltern*katechese* zu identifizieren. Ausgangspunkt ist die Beziehung der Eltern zu ihrem Kind.

Fazit:
Eltern*katechese* braucht eine Atmosphäre des Vertrauens, ein Ambiente, in dem sich die Eltern wohl fühlen können, und eine kleine überschaubare Gruppe für das Gespräch.
Die Gesprächsleitung liegt in der Hand von ErwachsenenkatechetInnen, die sich in einer eigenen Vorbereitung für diese Aufgabe qualifiziert haben. Sie begleiten die Elterngruppen und gestalten mit den TeilnehmerInnen die Inhalte der Eltern*katechese.*

3. Erwachsenen*katechese* ist wünschenswert

Eltern, Alleinerziehende oder Erziehungsberechtigte sind nicht ausschließlich in ihrer Rolle als Vater oder Mutter angesprochen. Ihr Leben wird nicht nur von den

Kindern geprägt. Die Gestaltung von Partnerschaft und Ehe, des Freundes- und Bekanntenkreises, des beruflichen Alltags u.v.m. gehören ebenfalls zur Lebenswirklichkeit von Eltern.
Manche Erwachsene kennen den Glauben und das kirchliche Leben nur noch aus den eigenen Kindertagen. Vieles ist ihnen heute fremd geworden. Andere sehen keinen Zusammenhang mehr zwischen dem Glauben der Kirche und den alltäglichen Erfahrungen.
Erwachsenen*katechese* will Eltern als Erwachsene ansprechen, um ihre Lebensfragen auf dem Hintergrund des Glaubens gemeinsam deuten zu lernen.
Konkret:

- Zusammen mit den Eltern gilt es Themen für die Erwachsenen*katechese* zu identifizieren. Ausgangspunkt ist jetzt die Lebenssituation Erwachsener.

Fazit:
Erwachsenen*katechese* ist nicht nur auf den Kommunionkurs beschränkt. ErwachsenenkatechetInnen begleiten z.B. auch kleine Elterngruppen in der Taufkatechese oder leiten Bibelkreise, gestalten katechetische Projekte mit u.a.m. Ausgangspunkt für die inhaltliche Auseinandersetzung in der Erwachsenenkatechese ist immer die Lebenssituation Erwachsener.

b. Kennzeichen einer postmodernen Gesellschaft

Seit etwa Mitte der 80er-Jahre ist von gesellschaftlicher Seite ein lebhafteres Interesse am Religiösen spürbar. Kennzeichen hierfür sind: Fernsehserien mit religiösen Rollenträgern, ein einsetzender Esoterik-Boom, Werbeaktionen mit religiösen Motiven oder auch Artikelserien der Boulevardpresse, z.B. über die Zehn Gebote u.v.m. Diese Entwicklung gewinnt zunehmend an Bedeutung, während kirchlicherseits sinkende Gottesdienstteilnehmerzahlen und Kirchenaustritte festzustellen sind.
Einige wichtige Phänomene, die zu dieser Entwicklung geführt haben, werden im Folgenden kurz skizziert und im Blick auf die katechetische Arbeit mit Eltern hinterfragt.

1. Individualisierungsdynamik

Bestimmende gesellschaftliche Kraft ist heute u.a. das Streben nach individueller Freiheit und Selbstverwirklichung. Es gilt heute, das eigene Leben selbst und autonom zu gestalten. Diese Entwicklung hat eine lange geistesgeschichtliche Tradition, sie reicht zurück bis in die Zeit der Aufklärung. Der Gebrauch der Vernunft als oberstes Prinzip sollte den Menschen von der Fremd- zur Selbstbestimmung führen. Auch wenn diese Entwicklung nicht immer gradlinig verlief, sie ist der geistesgeschichliche Hintergrund, der bis in unsere Tage hinein seine Spuren hinterlassen hat. Das Maß der Freiheit ist heute so groß, dass es bereits ins Gegenteil umzuschlagen droht und zuweilen auch als Last erlebt werden kann. Sein Leben in freier Selbstbestimmung gestalten zu können impliziert auch die Verpflichtung, das eigene Lebensglück selbst erreichen zu müssen. „Jeder ist seines Glückes Schmied." Wer damit nicht zurechtkommt, trägt selbst die Verantwortung dafür.

Fazit:
Auf diesem Hintergrund werden zunehmend existentielle Fragestellungen wichtig, die sich als Sinnfragen äußern.

2. Pluralisierung und Differenzierung

Die Pluralisierung und Ausdifferenzierung der Gesellschaft ist eng verbunden mit der zunehmenden Individualisierungsdynamik. Wer wirklich aus der Fülle der Möglichkeiten auswählen kann, angefangen beim täglichen Brot, über die Art und Weise, seine Freizeit zu gestalten, bei der Informationsgewinnung im Internet, bis hin zu den unterschiedlichsten religiösen Sinnangeboten, der hat die „Qual der Wahl". Die Vielfalt der Auswahlmöglichkeiten führt unter Umständen in ein Orientierungsdilemma. Der Einzelne ist gar nicht mehr in der Lage, den Überblick zu behalten.

Fazit:
Woran kann ich mich orientieren? Was gibt mir wirklich Halt und Sicherheit für mein Leben? – Fragen, die in einer ausdifferenzierten Gesellschaft zunehmend relevant und wichtig werden.

3. Grenzen des Fortschritts

Der jährliche Waldschadensbericht, die fortschreitende Zerstörung tropischer Regenwälder, gentechnisch veränderte Lebensmittel, BSE-infizierte Rinder, kilometerlange Staus auf den Autobahnen, Atomunfälle mit radioaktiver Verseuchung, das zyklisch wiederkehrende El-Nino-Phänom u.v.m. zeigen die Grenzen des technischen Fortschritts an.
Waren es früher eher Naturgewalten, Hungersnöte und Kriege, die Katastrophen verursachten und den Menschen bedrohten, so bedroht sich heute der Mensch mehr und mehr selbst mit seinen Möglichkeiten in Naturwissenschaft und Technik.

Fazit:
Das Ende des Fortschrittsglaubens provoziert Fragen nach dem Wohin des Menschen, nach Ziel und Richtung der Entwicklung.

4. Beschleunigung und Globalisierung

Was heute als Wissen gilt, ist morgen schon überholt. Ständig ist der Mensch unserer Zeit gefordert dazuzulernen, sich fort- und weiterzubilden, um mit den rasanten Veränderungen Schritt halten zu können. Die Freiheit zu lernen wird zum lebenslangen Zwang des Lernens. Alles wird immer mehr zur Gegenwart. Parallel zu dieser Entwicklung zeichnet sich eine zunehmende Zukunftsungewissheit ab. Nationale Grenzen verlieren in einer Informationsgesellschaft an Bedeutung. Ein weltweiter Wettbewerb um Absatzmärkte, konkurrierende Ideen, Produktentwicklungen u.a. hat gerade erst begonnen. Neben den Chancen dieser Entwicklung bleiben die Risiken unverkennbar. Der Einzelne steht heute viel mehr unter Leistungsdruck. Wer diesem Druck nicht standhält, gehört zu den Verlierern dieser Entwicklung.

Fazit:
Die maßlose Beschleunigung unserer Zeit treibt den Menschen zu ständiger Weiterentwicklung an. Hinzu kommt ein neu entstandener Wettbewerb durch eine fortschreitende Globalisierung. Kann ich da auf Dauer mithalten? – Wo bleibe

ich als Mensch? – Wie sieht meine Zukunft aus? – diese und ähnliche Fragestellungen drängen sich auf.

5. Der neue Stellenwert der Freizeit

Bedingt durch die eben genannten Faktoren bekommt die Freizeit einen neuen Stellenwert. Sie wird privatisiert und individualisiert und so mehr und mehr zum Ort der Selbstverwirklichung. Während in früheren Generationen der Einzelne die Arbeit als sinnstiftend und die Freizeit als Erholungszeit von der Arbeit ansah, bekommt die Freizeit heute immer mehr sinnstiftenden Charakter. Die Forderungen an die Freizeitgestaltung werden immer höher, die Freizeitangebote selbst immer qualifizierter. Nun hat die Zeit der Aufklärung die Religion zur Privatsache erklärt, Religion ist heute nicht mehr die gesellschaftsbestimmende Kraft. Religion rückt in einer säkularen und pluralen Gesellschaft als Privatsache verdächtig nah in den privaten Bereich der Freizeitgestaltung. Je mehr dieser Prozess voranschreitet, umso mehr geraten religiöse Angebote in Konkurrenz zu anderen Freizeitangeboten. Unausgesprochen wird dann der Gottesdienst, die Katechese mit dem Erlebniswert anderer Freizeitangebote verglichen.

Fazit:
Freizeitgestaltung an sich wird zunehmend als sinnstiftend angesehen.

6. Konsequenzen für die katechetische Praxis

Die Differenzierung und Individualisierung unserer Gesellschaft führt nicht unweigerlich in die Vereinzelung des Menschen, dies hat der Bamberger Soziologe Gerhard Schulze in seiner Studie „Die Erlebnisgesellschaft" nachgewiesen. Zwar sind durch Individualisierung und Pluralisierung traditionelle Milieus, wie z.B. die Großfamilie, oder ein weitgehend geschlossenes katholisches Milieu zerbrochen, es lässt sich jedoch beobachten, dass sich gleichzeitig neue gemeinschaftliche Formen entwickelt haben. Soziale Milieus bilden sich in unserer Gesellschaft durch „Beziehungswahl" (vgl. Gerhard Schulze, Die Erlebnisgesellschaft. Kultursoziologie der Gegenwart. Studienausgabe, Campus Verlag, Frankfurt ^{7}1997,

S. 277). Wuchs man früher (ungefähr bis in die sechziger Jahre hinein) durch Beziehungsvorgaben entweder in einem von der Sozialdemokratie oder von der katholischen Kirche geprägten Milieu auf, so bestimmt heute das *Erlebnis* als inneres Erleben die Zugehörigkeit zu neuen gesellschaftlichen Milieus, Gruppierungen und Szenen. In diesen neu entstandenen Milieus gelten eigene Wertvorstellungen, Normen und vor allem *ästhetische Muster.* Eine Kommunikation zwischen den neu entstandenen Milieus findet kaum statt, deutliche Abgrenzungen sind erkennbar (vgl. Gerhard Schulze, Die Erlebnisgesellschaft, aaO., S. 386ff und Michael N. Ebertz, Kirche im Gegenwind. Zum Umbruch der religiösen Landschaft, Verlag Herder, Freiburg 1997, Kapitel 6).

Fazit:
Menschen in der postmodernen Gesellschaft haben zunehmend existenzielle Fragestellungen, die sich oft als Sinnfragen äußern. Inwieweit diese Fragen nach Sinn christlich, d.h. auf dem Hintergrund der frohen Botschaft, gedeutet werden, ist mehr als fraglich. Will Sakramentenkatechese heute noch den Einzelnen in seinen je eigenen Lebenswelten erreichen, dann muss sie differenzierte Wege gehen. Wer mit *einem* katechetischen Angebot, z.B. einem Elternabend im Rahmen der Kommunionvorbereitung, alle erreichen will, erreicht niemand. Es gilt heute mehr denn je, die unterschiedlichen Lebenssituationen der Menschen wahrzunehmen, damit Glaubensprozesse entstehen und wachsen können. „Lass mich dich lernen, dein Denken und Sprechen, dein Fragen und Dasein, damit ich daran die Botschaft neu lernen kann, die ich dir zu überliefern habe“ (Bischof Klaus Hemmerle). Voraussetzung hierfür ist grundsätzlich der Respekt vor der Freiheit des anderen. Ohne die notwendige Offenheit des Menschen für Transzendenz sowie eine individuelle Christusbegegnung, die nicht machbar und planbar ist, und das Vorhandensein einer Gemeinschaft von Glaubenden wird ein fruchtbarer Wachstumsprozess kaum möglich sein.
Das vorliegende Kursbuch zur katechetischen Arbeit mit Eltern weist auf entsprechende Differenzierungen hin. Es unterscheidet zwischen unverzichtbarer Elternarbeit, wichtiger und wünschenswerter Elternkatechese bzw. Erwachsenenkatechese. Es gilt jeweils neu „Räume der Begegnung, Räume für den Dialog und Räume für das Erleben“ zu schaffen, in denen sich Erwachsene mit ihren je eigenen *ästhetischen Mustern* frei bewegen und wohl fühlen können und in denen die Frage nach dem Grund unserer Hoffnung gestellt wird.

c. Zur Lebenssituation von Eltern und Familien

1. Zur Situation von Eltern

Eltern leben heute in verschiedenen Lebensräumen: in der Familie, am Arbeitsplatz, in der jeweiligen Freizeitwelt, in ihrem gesellschaftlichen Milieu. Die Pfarrgemeinde ist dabei nur ein Lebensraum unter vielen. Für die meisten Eltern wird die Pfarrgemeinde vorübergehend zu einem Raum, mit dem sie wieder oder jetzt ganz neu in Kontakt kommen. Auf Seiten der Eltern existiert hierbei durchaus eine differenzierte Beziehung von Nähe und Distanz. Viele Eltern wünschen in der Zeit des Kommunionkurses keine größere Nähe. Sie wählen dann aus den Angeboten der Gemeinde aus, was ihnen unbedingt nötig erscheint, damit kein Ärger bei der Vorbereitung auf das Fest entsteht. Dies gilt es von Anfang an zu akzeptieren, auch dann, wenn es nicht glückt, tiefere Kontakte während des Kurses zu knüpfen.

Von Anfang an ist es wichtig, sich über die konkrete Lebenssituation der Eltern zu informieren (evangelisch/katholisch, geschieden/wieder verheiratet, andere Muttersprache, behinderte Kinder oder pflegebedürftige Angehörige usw.). Wo dies möglich ist, sollten erste oder vertiefende Kontakte über Hausbesuche geknüpft werden. In diesen ersten Begegnungen kann Vertrauen aufgebaut werden und eine Atmosphäre des Wohlwollens entstehen, die es Eltern ermöglicht, über ihre gegenwärtige Lebenssituation zu reden.

Eltern haben *für ihre Entscheidungen ihre ganz persönlichen Motive*, die eng verbunden sind mit ihrer Lebens- und Kirchenbiographie. Die Verantwortlichen für die katechetische Arbeit mit Eltern haben in keinem Fall das Recht, über diese Motive zu urteilen. Es gilt vielmehr Räume zu schaffen, in denen Eltern ihre je persönlichen Entscheidungen hinterfragen können. Konkret bedeutet dies, einen Dialog mit Eltern zu eröffnen, um eigene Standpunkte und Sichtweisen in einer vertrauensvollen und offenen Atmosphäre zu erörtern. Den Eltern werden so Wege eröffnet, die Veränderungen grundsätzlich zulassen. Ein solcher Dialog mit den Eltern braucht eine Atmosphäre der Offenheit, des Vertrauens und der Freiheit, selbst zu entscheiden, was für sie gut und notwendig ist. Wo solche Elterngespräche möglich werden, entsteht Bewegung, und Eltern bestimmen selbst, in welcher Schrittfolge sie mit ihrem Kind im Rahmen des Kommunionkurses unterwegs sein wollen.

2. Zur Situation von Familien

Wer von Familie spricht, der muss sagen, was er damit meint. Zu differenziert stellen sich heute Familienkonstellationen dar.

Einige Beispiele: Da gibt es das verheiratete Ehepaar mit zwei Kindern, eines davon bereitet sich im Kommunionkurs auf den Empfang der Kommunion vor, der Vater geht arbeiten und die Mutter, evangelisch, hat zugunsten der Kindererziehung ihre Berufstätigkeit unterbrochen.

Zeitgleich versucht die allein erziehende Mutter oder der allein erziehende Vater alles unter einen Hut zu bringen, Berufstätigkeit, Kindererziehung, Haushaltsführung, Freizeitgestaltung und jetzt auch noch den Kommunionkurs.

Ganz anders gestaltet sich die Situation zwei Häuser weiter. Hier lebt ein Ehepaar mit drei Kindern, der Mann ist geschieden und wieder verheiratet und hat seinen Sohn aus erster Ehe mit in die neue Familie gebracht. Er hat seine ganz eigenen Erfahrungen mit Kirche gemacht.

Diese Erfahrungen lassen sich nun überhaupt nicht vergleichen mit dem nicht verheirateten Paar. Er ist aus der Kirche ausgetreten, sie ist sehr distanziert. Hinzu kommt noch der Druck ihrer Mutter. Sie will, dass ihr Enkelkind auf alle Fälle zur Erstkommunion geht.

Wer heute z.B. in einem Elternabend, bei dem etwa 20 – 30 Familien zusammenkommen, insgesamt ungefähr 60 TeilnehmerInnen gleichermaßen mit einem Thema und einer katechetischen Maßnahme erreichen will, der kann leicht Schiffbruch erleiden. Die gesellschaftliche Situation und die Differenziertheit der Familienkonstellationen erfordern auch für die katechetische Arbeit mit Eltern neue Formen der Begegnung, des Dialogs und des Erlebens.

d. Modelle für eine katechetische Arbeit mit Eltern

1. Übersichtsschema zur bisherigen Form der katechetischen Arbeit mit Eltern

Bisherige Form von Elternarbeit und Elternkatechese

→ 1. **Informationselternabend** für alle Eltern
Thema: Einführung in den Kommunionkurs

- Gegenseitige Information
  Überblick zum Kursverlauf (mit allen Terminen)
  Einführung in wesentliche Kursinhalte (Jesuskatechesen, Versöhnungskatechesen, Eucharistiekatechesen)
- Miteinander Vereinbarungen zum Kursverlauf treffen (Gruppenleitungen, Elterntreffen usw.).
- Gegenseitige Erwartungen abklären

→ 2. **Elterntreffen** für alle Eltern
Thema: Jesuskatechesen

- Die Begegnung mit den Eltern orientiert sich am Kursverlauf der Kindergruppen. Das Thema dieses Abends steht weitgehend fest und wird sich inhaltlich mit den Jesuskatechesen auseinander setzen.

→ 3. **Elterntreffen** für alle Eltern
Thema: Umkehr- und Versöhnungskatechesen

- Dieses Elterntreffen orientiert sich ebenfalls am Kursverlauf der Kindergruppe. Inhaltlich steht meist das Thema Buße und die Beichte der Kinder im Mittelpunkt.

→ 4. **Elterntreffen** für alle Eltern
Thema: Eucharistiekatechesen

- Dieses Elterntreffen orientiert sich wiederum am Kursverlauf der Kindergruppe. Zentrales Thema der Begegnung ist die Feier der Eucharistie.

→ 5. **Elterntreffen** für alle Eltern
Thema: Feier der Erstkommunion
- An diesem letzten Elterntreffen wird die Feier der Erstkommunion konkretisiert und organisatorisch vorbereitet.

→ 6. **Treffen** mit allen Eltern und Kindern
Thema: Gemeinsamer Ausflug nach der Feier der Erstkommunion
- Die Erstkommunionvorbereitung schließt meist mit einem gemeinsamen Ausflug ab. In zwangloser Atmosphäre wird z.B. ein gemeinsames Spiel- und Grillfest gefeiert.

Fazit:
In der katechetischen Praxis zeigt sich, dass das Interesse der Eltern an den Elterngesprächen in der Regel mit Fortdauer des Kommunionkurses eher abnimmt als zunimmt. Einzige Ausnahme ist der Informationselternabend und das letzte Elterntreffen vor der Feier der Erstkommunion, an dem die inhaltliche und organisatorische Planung der Erstkommunionfeier besprochen wird. Möglicherweise wird hierdurch sichtbar, dass in den vergangenen Jahren mehr Kräfte in die Kinderkatechese investiert wurden als in die Weiterentwicklung der Elternkatechesen. Will man der Elternkatechese einen grundsätzlichen Vorrang vor der Kinderkatechese geben, lässt sich dies in Form großer Elternabende kaum realisieren.

2. Übersichtsschema in einer weiterentwickelten Form

Weiterentwickelte Form der Katechetischen Arbeit mit Eltern

2.1 Werbung, Befähigung und Begleitung von ErwachsenenkatechetInnen

→ 1. **Werbung von ErwachsenenkatechetInnen**

Um Elterngruppen katechetisch begleiten zu können, braucht es in der Gemeinde geeignete MitarbeiterInnen, die geworben, qualifiziert und begleitet werden müssen.

- Die Werbung von ErwachsenenkatechetInnen geschieht am besten durch persönliches Ansprechen.
- Durch gemeinsames Vorschlagen geeigneter Frauen und Männer im Kreis der GruppenleiterInnen.
- Durch Veröffentlichungen in der örtlichen Presse, den gemeindlichen Mitteilungen, in Gruppen und Kreisen der Pfarrgemeinde(n) sowie durch Vermeldung im Sonntagsgottesdienst.
- *Informationstreffen aller Interessierten* mit der Möglichkeit, sich anschließend für den Ausbildungskurs verbindlich zu entscheiden.

→ 2. Ausbildung zur Erwachsenenkatechetin, zum Erwachsenenkatecheten

Die Gruppe trifft sich regelmäßig über einen zuvor vereinbarten Zeitraum, der je nach Aufgabenstellung unterschiedlich lang sein kann. In der Praxis haben sich Treffen an Samstagen, in der Zeit von 9.30 Uhr–17.00 Uhr, bewährt.
Inhalt der Ausbildung sollte sein:

1. Thema: Wie ist die Erwachsenenkatechese in unserer Pfarrgemeinde organisiert? – Wie ist der Ausbildungsteil aufgebaut? – Welche Fragen bringe ich mit oder stellen sich mir?
2. Thema: Wer bin ich in meiner Rolle als KatechetIn?
3. Thema: Was sind die Ziele der Katechese?
4. Thema: Was sind Methoden der Katechese?
5. Thema: Planung von Beauftragung und Beginn des Engagements

Gemeinsam mit den ErwachsenenkatechetInnen wird ihr Engagement in der katechetischen Arbeit mit den Eltern geplant und besprochen. Die Beauftragung zum/zur ErwachsenenkatechetIn durch den Pfarrgemeinderat und den Pfarrer schließt die Vorbereitung ab.

→ 3. Begleitung der Gruppe von ErwachsenenkatechetInnen

- Sind die Themen der jeweiligen Elterngruppe bekannt, muss jedes Treffen der Elterngruppen von der Erwachsenenkatechetin/dem Erwachsenenkatecheten eigens vorbereitet und wenn möglich im

Kreis der ErwachsenenkatechetInnen besprochen werden. Die Gruppe der ErwachsenenkatechetInnen trifft sich parallel zur Häufigkeit der Treffen in den Elterngruppen, meist einmal im Monat. Eine kontinuierliche Begleitung ist unverzichtbar.

Aufgabe der Kursleitung:

- Vor jedem Treffen stellt die Kursleitung den ErwachsenenkatechetInnen entsprechende Materialien zur Vorbereitung der Elterngespräche zur Verfügung (Einstiegsmethoden, Bild- und Textmaterial, Lieder und Musik u.a.).

Aufgabe der ErwachsenenkatechetInnen:

- Die ErwachsenenkatechetInnen gestalten mit Hilfe dieser Materialien ihre jeweiligen Elterngespräche.

Zur Struktur der Begleitung im Kreis der ErwachsenenkatechetInnen:

- Auf keinen Fall darf auf die Reflexion der vergangenen Elterngespräche verzichtet werden (Fragen, Schwierigkeiten, Konsequenzen).
- Ist genügend Zeit vorhanden, so können weitere Elterngespräche im Kreis der ErwachsenenkatechetInnen vorgestellt und gemeinsam besprochen werden (Stärken, Schwächen, weitere Ideen zur Überarbeitung).
- Die ErwachsenenkatechetInnen erleben eine zuvor besprochene und ausgewählte Katechese.

Je nach Gruppengröße ist ausreichend Zeit für die Begleitungstreffen einzuplanen, in der Regel sind dies etwa drei Stunden.

Das Engagement von ErwachsenenkatechetInnen ist nicht nur auf Elterngespräche im Rahmen des Kommunionkurses beschränkt. Elterngespräche in kleinen Gruppen finden beispielsweise auch in der Taufkatechese statt. Des Weiteren können ErwachsenenkatechetInnen auch in der Begleitung von Bibelkreisen, Haus- und Familienkreisen oder in anderen Gruppen und Kreisen innerhalb der Gemeindekatechese tätig sein. Entsprechend den unterschiedlichen Aufgabengebieten gilt es, im Bereich der Ausbildung bzw. der Fort- und Weiterbildung weitere Akzente zu setzen.

2.2 Elternarbeit, Elternkatechese und Erwachsenenkatechese im Rahmen des Kommunionkurses

→ **1. Informationselterntreffen**

Thema: Einführung in den Kommunionkurs

- Gegenseitige Information
  Überblick zum Kursverlauf (mit allen Terminen)
  Einführung in wesentliche Kursinhalte (Jesuskatechesen, Versöhnungskatechesen, Eucharistiekatechesen)
- Miteinander Vereinbarungen zum Kursverlauf treffen (Gruppenleitungen, Elterntreffen usw.)
  Gegenseitige Erwartungen abklären

→ **2. Gemeinsame Kurseröffnung mit Eltern und Kindern**

- Gemeinsamer Beginn von Eltern und Kindern im Gemeindezentrum
- Kursbeginn mit der Gruppe der Kinder in der Pfarrkirche
- Parallel zur Gruppe der Kinder gestaltet die Gruppe der Eltern eine kleine Tonschale für ihr Kind. Bereitgestellter Kaffee und Kuchen lockern die Atmosphäre auf.
- Zusammentreffen der Eltern mit den Kindern in der Kirche zur Segnung der Kinder, der GruppenleiterInnen und der Eltern

→ **3. Elterngespräche, die sich an den zentralen Inhalten des Kommunionkurses orientieren**

Je nach Gemeindesituation sind folgende Modelle für die Gestaltung von Elterngesprächen möglich:

Modell 1:

- Es gibt eine Anzahl von Elterntreffen, zu denen alle Eltern eingeladen sind. Die Inhalte dieser Elterntreffen *für alle* orientieren sich an den Kursinhalten der Kindergruppen.
  Daneben treffen sich *kleine Elterngruppen,* die sich parallel zur Kindergruppe, in Entsprechung zum Wohngebiet oder durch die

freie Wahl von Eltern gebildet haben. Die Häufigkeit der Treffen und ihre Inhalte bestimmen die *kleinen Elterngruppen* selbst.

Modell 2:

- Nach dem Informationselterntreffen finden Elterngespräche ausschließlich in *kleinen Elterngruppen* statt, die Anzahl der Treffen ist vorgegeben. Die Elterngruppen bilden sich parallel zur Kindergruppe, orientiert am Wohngebiet der Eltern, oder Eltern finden sich in freier Wahl zusammen und bilden eine Elterngruppe. Inhaltlich orientieren sich die *kleinen Elterngruppen* einerseits an den Kursinhalten der Kindergruppen, andererseits an frei gewählten Themen aus dem Kreis der Eltern. Ausgangspunkte zur inhaltlichen Ausrichtung der Treffen sind dann u.a. die eigene Rolle als Vater oder Mutter bzw. Fragestellungen, die sich dem Einzelnen als Erwachsenen stellen.

→ 5. Gemeinsame Veranstaltungen im Kursverlauf

Damit innerhalb des Kommunionkurses für alle Beteiligten Gemeinschaft erfahrbar werden kann, sind gemeinsame Veranstaltungen unverzichtbar. Die Intention dieser Treffen von Eltern und Kindern ist durchaus unterschiedlich, sodass die je verschiedene Milieuzugehörigkeit der Eltern berücksichtigt werden kann.

Einige Beispiele:

- Gemeinsame Übernachtung der Väter mit ihrem Kind im Pfarrzentrum
- Nachtwanderung mit Lagerfeuer und Tagesreflexion
- Ein/e MärchenerzählerIn erzählt Märchen, z.B. zum Thema Erlösung
- Gestaltung einer alternativen Kirchenführung „Wenn Steine reden könnten“ usw.

Bei diesen und ähnlichen Veranstaltungen steht das eigene Erleben und die Gemeinschaftserfahrung im Mittelpunkt. Eine nicht homogene Gruppe hat so die Möglichkeit, ausgehend vom gemeinsamen Tun und Erleben, eine eigene Identität zu entwickeln. Religiöse Fragestellungen und Themen werden in einem anderen Bezugsrahmen – eng verbunden mit der je eigenen Lebenssituation – aktualisiert. Gegenseitiges Vertrauen kann entstehen, eine persönliche Auseinandersetzung auf dem Hintergrund eigenen Erlebens wird möglich.

3. Übersichtsskizze zur Entwicklung einer Katechese

Elterngespräche, die sich an der Lebenssituation und den je eigenen Fragestellungen von Eltern und Erwachsenen orientieren, müssen unter Umständen neu entworfen werden, damit sie tatsächlich den Lebenskontext der TeilnehmerInnen ansprechen. Das hier vorgestellte Schema zur Entwicklung einer Katechese will Sie dabei unterstützen, eigene, situationsbezogene Eltern- und Erwachsenenkatechesen zu entwickeln.

3.1 Acht Schritte zur Entwicklung einer Katechese

Vor der Erarbeitung einer Katechese ist zu klären, welches Ziel erreicht werden soll. Nach der Zielformulierung gilt es, den Weg zum Ziel Schritt für Schritt zu beschreiben und geeignete Methoden und Materialien auszuwählen.

→ 1. **Zielformulierung**

- Fragestellungen zur Zielformulierung:
  - Wozu will ich das Ziel erreichen?
  - Was genau will ich erreichen?
  - Wie viel will ich erreichen?
  - In welchem Zeitrahmen will ich es erreichen?

→ 2. **Ambiente und Raumgestaltung**

- Welche äußeren Rahmenbedingungen braucht es für die Gestaltung der Katechese?
  - Wie ist der Raum hergerichtet?
  - Gibt es ein Mittenbild?
  - Werden Getränke bereitgestellt? usw.

→ 3. **Ankommen der TeilnehmerInnen**

- Wie gelingt es, die TeilnehmerInnen da „abzuholen“, wo jede/r gerade steht, um anschließend ins Thema der Katechese einführen zu können?

→ 4. **Der Verlauf im Überblick**

- Wie wird am Flipchart Ziel und Verlauf der Katechese visualisiert und ein Spannungsbogen zur Katechese aufgezeigt?
  - Wollen Sie sich zum Design des Treffens das Einverständnis der TeilnehmerInnen einholen? (Dies beinhaltet möglicherweise situationsbezogene Veränderungen zum geplanten Verlauf.)

→ 5. **Die Auseinandersetzung mit dem Thema**

- Wie wird die Katechese auf dem Hintergrund von: Leben – Deuten – Feiern (vgl. Kursleiterbuch Seite 16ff) gestaltet?
  - Welche Methoden führen zum Ziel?
  - Mit welchen Materialien wird gearbeitet?

→ 6. **Fazit aus der Sicht der TeilnehmerInnen**

- Welchen persönlichen Gewinn, welchen Mehrwert können die TeilnehmerInnen aus der Auseinandersetzung mit dem Thema beschreiben?

→ 7. **Feedback zum Ablauf der Katechese**

- Wie werden gemeinsam mit den TeilnehmerInnen Inhalte, Verlauf und Gruppenprozesse zur Katechese ausgewertet?
  Beispiel:
  - Was ist Ihnen wichtig geworden?
  - Womit hatten Sie Mühe?
  - Was möchten Sie der Gruppe, was der Leitung sagen?

→ **8. Eigene Auswertung der Leitung nach der Katechese**

- Ist das Ziel der Katechese erreicht?
  - Was wurde erreicht, warum?
  - Was wurde nicht erreicht, warum?
- Worin besteht Ihr persönlicher Lerngewinn?
  - Was hat sich bewährt?
  - Was werden Sie zukünftig ändern?

B. ELTERNARBEIT

a. Einladung zum Kommunionkurs

Die verschiedenen Einladungsmöglichkeiten stehen in Beziehung zu der jeweiligen pastoralen Gesamtkonzeption. Folgende Fragen sind für die Elternarbeit zu klären: Welche Ziele werden im Blick auf die am Kurs beteiligten Eltern verfolgt? Was sollen Eltern über den Kommunionkurs wissen, damit sie in der Lage sind zu entscheiden, ob ihr Kind teilnehmen wird oder nicht?

1. Möglichkeiten der Kurseinladung

- Persönliches Anschreiben (Jahrgang, über die Schule oder per Post, über die Person des Religionslehrers/der Religionslehrerin)
- Pfarrbrief
- Tagespresse
- Vermeldung im Sonntagsgottesdienst
- Hausbesuche

2. Kurseinladung

Ein Beispiel: (siehe Seite 28)

3. Kursanmeldung

Vor einer Kursanmeldung sollte ein Informationsgespräch über den Kommunionkurs stattfinden. Eine Kursanmeldung ohne ein Gespräch mit der Kursleitung ist *nicht möglich*.

Ziele des Informationsgespräches mit beiden oder einem Elternteil sind:

- Die Familie und insbesondere die Eltern kennen zu lernen.
- Austausch mit den Eltern über ihre Motive zur Kursanmeldung.
- Eindrücke zu den familiären Rahmenbedingungen wahrnehmen (Schichtarbeit, allein erziehend, geschieden, ausgetreten u.a.).
- Den Eltern ein Zeichen der Akzeptanz für ihre Lebensumstände zu signalisieren.
- Den Kursverlauf im Überblick vorstellen.
- Gemeinsamer Austausch über die Erwartungen zum Kurs.

Beispiel einer Kursanmeldung zum Austeilen am Informationsabend (s. Seite 30)

Beispiel für eine Einladung:

(Katholische Gemeinde
Straße
Ort
Telefon und Telefax)

(Datum)

Liebe Mutter, lieber Vater!

Ihr Kind geht zurzeit in die zweite Klasse (evtl. auch schon in ein höheres Schuljahr) und ist noch nicht auf den Empfang der heiligen Kommunion vorbereitet worden.
In unserer Pfarrgemeinde werden wir nach den Sommerferien (Mitte September) mit dem KOMMUNIONKURS beginnen und laden Sie und Ihr Kind ganz herzlich dazu ein.
Uns und unserer Gemeinde ist es wichtig, dass Ihr Kind in guter und sinnvoller Weise auf die Feier und den Empfang der Erstkommunion vorbereitet wird. Deshalb sollen die Kinder in kleinen Gruppen, begleitet von Müttern und Vätern, in einer ihrem Alter angemessenen Weise den Glauben an Jesus Christus tiefer kennen lernen und erfahren dürfen.

Bei diesem Bemühen können und möchten wir auf die Mitarbeit und Unterstützung der Eltern nicht verzichten, denn Ihr Kind macht einen wichtigen Schritt in seiner religiösen Entwicklung. Dieser Schritt kann nur von den Eltern mitgetragen und begleitet werden.
Die Art und Weise der Vorbereitung und nähere Einzelheiten möchten wir mit Ihnen (in diesem Jahr schon rechtzeitig vor den Sommerferien) an unserem

INFORMATIONS-ELTERNABEND

(am)
(im)

besprechen, zu dem wir Sie ganz herzlich einladen.
Es ist uns ein dringendes Anliegen, Ihnen vor der Anmeldung Ihres Kindes alles Wichtige über die Planung und Durchführung des Kommunionkurses mitzuteilen.
Wir bitten Sie deshalb, sich diesen Abend nach Möglichkeit freizuhalten und zu kommen; ggf. bitte ich um telefonische Rücksprache (Kontaktperson/Telefonnummer).
Anmeldeformulare für den Kommunionvorbereitungskurs erhalten Sie an diesem Abend.

Wir hoffen auf Ihr Interesse und freuen uns auf ein gutes Miteinander.
Mit allen guten Wünschen für Sie und Ihre Familien grüßen Sie

GemeindereferentIn	Pfarrer

Bitte die Anmeldung bis spätestens (Datum) im Pfarrbüro abgeben!

Anmeldung zum Kommunionkurs

Name des Kindes: ____________ Vorname: ____________

Geburtstag: ____________ Geburtsort: ____________

Taufdatum: ____________ Taufort: ____________

Name der Mutter: ____________ Telefon: ____________

Anschrift: ____________ Konfession: ____________

Name des Vaters: ____________ Telefon: ____________

Anschrift: ____________ Konfession: ____________

Wenn es möglich ist, möchte mein Kind in die Gruppe mit: ____________

____

Folgende Nachmittage (von ... bis) meines Kindes sind belegt: ____________

____

Ich bin damit einverstanden, dass der Name und die Anschrift meines Kindes im Zusammenhang mit der Kommunionvorbereitung veröffentlicht wird (z. B. Pfarrbrief, Zeitung).

❑ ja ❑ nein (bitte ankreuzen!)

Wir/Ich melde/n hiermit unser/mein Kind zur Kommunionvorbereitung an. Wir/Ich sind/bin bereit, unser/mein Kind dabei zu begleiten. Für die Elterngesprächsabende sind für uns/mich folgende Wochentage günstig: ____________

____

____________ ____________

Datum Unterschrift der/des Erziehungsberechtigten

Ich/Wir möchte/n den Weg der Vorbereitung meines Kindes begleiten durch:

❑ die Leitung einer Kindergruppe als KatechetIn (GruppenleiterIn)

❑ die Mitarbeit bei Bastelaktionen (Wandfries, Festvorbereitung u.a.)

❑ Kuchenbacken bei Bedarf

❑ Brotbacken mit einer Kindergruppe

❑ die Mitarbeit bei einer gemeinsamen Unternehmung

❑ die Mithilfe bei einer Übernachtung von Vätern und Kindern im Pfarrzentrum

❑ ____________

b. Informationselternabend

Der Informationselternabend muss rechtzeitig vor dem Kursbeginn stattfinden. Bei diesem Treffen sollen die Eltern untereinander bekannt werden. Die Erfahrung zeigt, wie wichtig hierfür ein entsprechendes Raumambiente ist. Damit Kommunikation entstehen kann, sollten Tischgruppen mit einer offenen Mitte für Flipchart oder Pinnwand vorbereitet sein. Eventuell ist es sinnvoll, eine große Elterngruppe zu teilen und zwei Informationselternabende durchzuführen.

Raumgestaltung: Tischgruppen stehen im offenen Halbkreis um ein Mittenbild mit Tüchern, Blumen und einem Symbol für den Kurs.

1. Inhalte für das Gespräch mit den Eltern

- Die Eltern sollen untereinander bekannt werden
- Einladung der Eltern zu einem gemeinsamen Weg
- Informationen über den Kursaufbau und die Durchführung

- Finden und Motivieren von GruppenleiterInnen für die Kindergruppen durch persönliches Anfragen der Eltern
  Das Finden von GruppenleiterInnen soll mit der Gruppe der Eltern geschehen. Hier kann es eventuell zu Spannungen kommen: „Wir sind schon genug GruppenleiterInnen, wir brauchen keine weiteren!“ „Das sollen doch die Hauptamtlichen machen!“ Oder: „Wir finden nicht genug für diese Aufgabe!“ Diese Spannungen können nur durch ein offenes Gespräch miteinander gelöst werden.
- Entscheidung über den Termin zur Feier der Erstkommunion
- Gemeinsamer Austausch über praktische Fragen rund um das Fest (Gewänder der Kinder, Taufkerzen und/oder Kommunionkerzen, Kleiderbasar u.a.)

Die Inhalte für das Gespräch mit den Eltern sind auf die organisatorischen und inhaltlichen Verhältnisse in den konkreten Gemeinden vor Ort anzupassen.

2. Verlauf des Treffens

1. Schritt: Begrüßung und Vorstellung der Hauptamtlichen

Nach der Begrüßung: *Überblick zum Verlauf des Abends* – visualisiert auf einem Flipchart-Plakat

Mit der Taufe Ihres Kindes haben Sie sich für einen christlichen Weg in und mit unserer Kirche entschieden. Die Kommunionvorbereitung ist ein weiterer Schritt, für den Sie sich entscheiden wollen.

- Sie sollen früh informiert werden, damit eine Entscheidung in der Familie überdacht werden kann.
- Es ist wichtig, GruppenleiterInnen für den Kursverlauf zu finden.

2. Schritt: Kennenlernen der Eltern in den Tischgruppen

Gesprächsimpulse:

- Vorstellung mit Namen und Wohngebiet
- Wir hatten schon einmal ein Kind bei der Kommunionvorbereitung
- Wir wünschen uns – Wir wollen nicht mehr
- Für uns ist alles neu
- Uns interessiert besonders

3. Schritt: Der Weg der Kommunionvorbereitung

1. Zum Plakat auf dem Flipchart: Ein Weg der Katechese

Katechese meint Lernen als Prozess in der Gemeinschaft
Wegbegleitung in überschaubaren kleinen Gruppen
Wegbegleiter sind zuerst die Eltern, deshalb gibt es auf dem Weg kleine Elterngruppen und kleine Kindergruppen.
(vgl. Abbildung Seite 36)

2. Zum Plakat auf dem Flipchart: Inhalte des Weges

Die Person Jesu Christi und seine Frohe Botschaft vom Reich Gottes stehen im Mittelpunkt der Jesuskatechesen.
Jesus ruft die Kinder zu sich. Er zeigt ihnen:

- Ihr dürft dazugehören.
- Ihr lernt miteinander teilen.
- Ihr lernt, mit Gott zu sprechen und zu ihm Vater zu sagen.
- Ihr seid eingeladen, euch lieben zu lassen und Liebe weiterzuschenken.

In den Versöhnungskatechesen (früher Bußkatechesen) erfahren die Kinder: Gott will, dass unser Leben gelingt. Er liebt uns und nimmt uns bedingungslos an, so wie wir sind, mit allen guten Seiten, aber auch mit unseren Fehlern und Schwächen. Wo wir in unserem Leben schuldig werden, hilft uns Gott. Gerade da lässt er uns nicht allein. Er hilft uns unser Leben liebevoll und barmherzig anzuschauen, ohne es zu verurteilen. Nur so kann Verantwortung wachsen und Versöhnung möglich werden, mit uns selbst, untereinander und mit Gott.
Feste feiern wir an Höhepunkten unseres Lebens, eine Hochzeit, einen Geburtstag, die bestandene Prüfung u.v.m. Der Sonntag ist ein Festtag, an dem Christen miteinander feiern. Sie versammeln sich zum Gottesdienst, um das Wort Gottes zu hören und miteinander „das Brot zu brechen". Eucharistie bedeutet Danksagung. Christen feiern als zentrale Mitte der Eucharistiefeier die Lebenshingabe Jesu, für euch, für dich, für alle. In der Kommunion haben wir Gemeinschaft mit Jesus Christus und untereinander.
Flipchart-Plakat 1 *Ein Weg der Katechese* wird nun erweitert zu Flipchart-Plakat 2 *Inhalte des Weges* (die Leitung schreibt die Inhalte des Weges dazu).

3. Zum Plakat auf dem Flipchart: Ein Grund zum Feiern

Christen feiern, was ihnen in der Begegnung mit Gott und untereinander bedeutsam geworden ist.

- Die Kinder feiern kleine Feste
- Die Kinder sind mit ihren Familien eingeladen, mit der Gemeinde regelmäßig Gottesdienste zu feiern (Familiengottesdienste, Kindergottesdienste, Vorstellungsgottesdienst, Teilnahme an einer Tauffeier, Feier der Versöhnung, Feier der Heiligen Woche, Erstkommunionfeier)
- Wochenende/Freizeit der Kommunionkinder

(Das Flipchart-Plakat 2 *Inhalte des Weges* wird nun mit allen Festen und Feiern ergänzt und wird so zum Flipchart-Plakat 3 *Ein Grund zum Feiern.*)

4. Schritt: Orientierung am Weg Jesu

Die Katechesen mit den Kindern orientieren sich am Weg Jesu Christi (vgl. Schaubild – als Flipchart-Plakat vorbereiten und entsprechend erklären). Am Beginn des Weges steht das gegenseitige Kennenlernen. Die Kinder werden in ihren Gruppen miteinander vertraut, erzählen von ihrem Leben und lernen die Spuren Gottes in ihrem Leben zu entdecken und zu deuten. So entsteht eine Gemeinschaft, in der die Zuwendung Gottes mit den Kindern gefeiert werden kann. Dieser Weg ist ein Anfang, und die Kommunionfeier ist kein Abschluss, sondern ein Wegabschnitt. Nach der Erstkommunion werden die Kinder eingeladen zu Kinder-

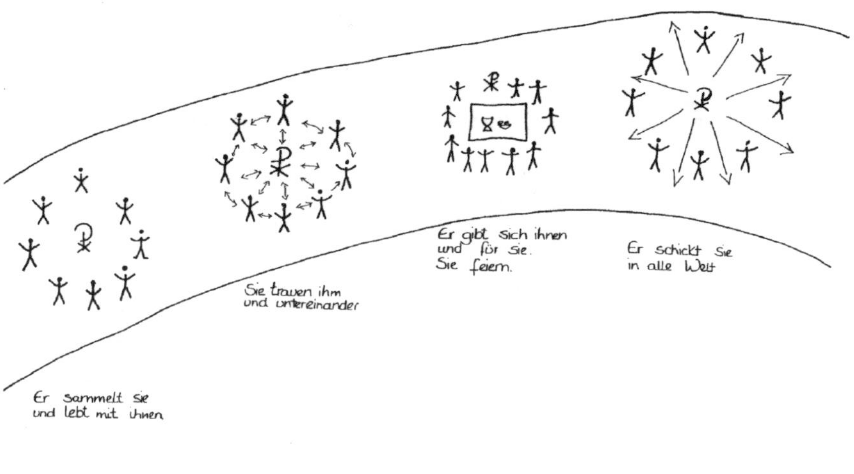

gruppen, Messdienerrunde, Schola. Auch die Katecheten können sich weiter engagieren, und Sie als Eltern können z.B. als Familienkreise zusammenbleiben.

5. Schritt: Austausch der Eltern mit anschließenden Rückfragen

Gesprächsimpulse:

- Wie verstehe und beurteile ich das vorgestellte Kurskonzept?
- In welcher Form kann ich mir vorstellen mitzuarbeiten?
  (Mitarbeit der Eltern als GruppenleiterInnen). Anmeldeformular austeilen!

6. Schritt: Absprachen

- Kurseröffnung: Datum
- Kosten für Kursmaterial und Verschiedenes
- Vorläufigen Terminplan austeilen (vgl. Gruppenleiterbuch)

7. Schritt: Abschluss des Abends

Der Abend kann mit einem Text oder einem Gebet beendet werden.

Nicht vergessen: Termin für das erste Treffen mit den GruppenleiterInnen vereinbaren.

Flipchart-Plakat 1 **Ein Weg der Katechese**

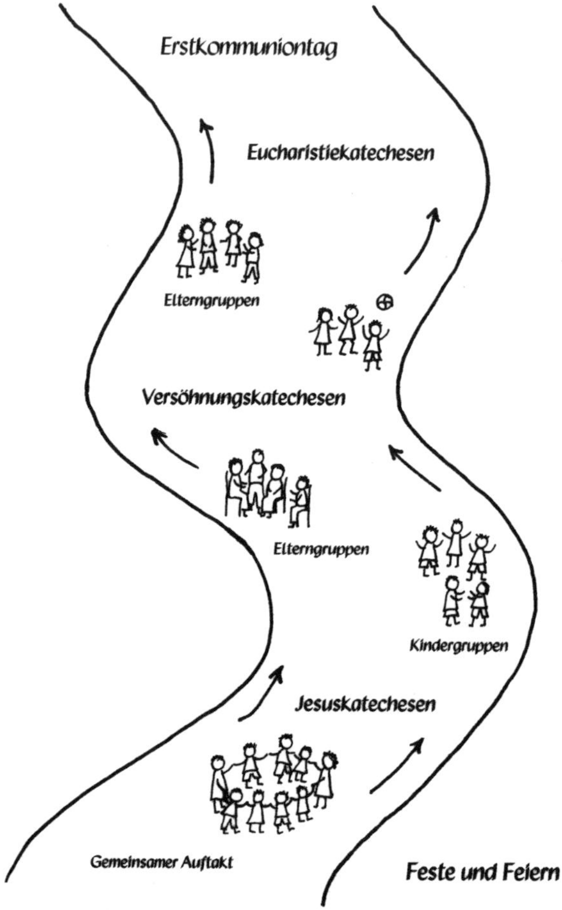

Das Flipchart-Plakat 1 *„Ein Weg der Katechese"* wird mit den *„Inhalten des Weges"* ergänzt. Es entsteht so das Flipchart-Plakat 2 *„Inhalte des Weges"*. In einem dritten Schritt werden alle Feste und Feiern eingetragen, so dass das Flipchart-Plakat 3 *„Ein Grund zum Feiern"* entsteht. Diese Visualisierungen helfen den Eltern, den Kursaufbau im Detail kennen zu lernen. Es wird so leicht möglich, sich auf einzelne Kurselemente zu beziehen, eigene Ideen einzubringen und ggf. Korrekturen vorzunehmen.

c. Einführung in die wesentlichen Kursinhalte

Die Elternabende zu den wesentlichen Kursinhalten sollen allen Eltern die Möglichkeit geben, ihre Kinder auf dem Weg der Vorbereitung zu begleiten. Es gilt, sich mit den zentralen Inhalten des Kurses auseinander zu setzen und den je eigenen Standpunkt zu finden. Aufgabe der Leitung ist es, eine Atmosphäre gegenseitiger Achtung und Wertschätzung sicherzustellen. Der Respekt vor der Meinung des anderen ist für ein fruchtbares Gespräch unverzichtbar. In der Vielfalt von Meinungen, Einstellungen und Ansichten liegt die Chance und das Risiko, eigene Positionen zu hinterfragen oder auch zu festigen.
Damit ein fruchtbarer Dialog gelingen kann, braucht es im Verlauf der Elterntreffen die Bildung von Kleingruppen; nur so ist ein intensiver inhaltlicher Austausch möglich. Die zeitweilige Leitung der Kleingruppe innerhalb des Elterntreffens kann entweder von der Gruppe selbst wahrgenommen werden oder von ErwachsenenkatechetInnen (wenn diese hierfür bereits ausgebildet sind).

1. Elterntreffen im Rahmen der Elternarbeit zum Thema: Jesus Christus

Ziel:

Die TeilnehmerInnen sollen ihr eigenes Bild von Jesus Christus entdecken und sich bewusst machen, welche Bedeutung es für ihr eigenes Leben hat.

1. Schritt: Ambiente/Raumgestaltung

- Raumgestaltung mit einem Mittenbild
- Persönliche Begrüßung der Eltern
- Tee und Gebäck stehen als Angebot auf einem Tisch bereit
- Stuhlkreis und Tischgruppen
- Musik im Hintergrund

2. Schritt: Ankommen

Fragestellungen zum Ankommen:

- „Wenden Sie sich bitte für einen kurzen Augenblick Ihrem rechten Nachbarn/ Ihrer rechten Nachbarin zu und tauschen Sie sich mit ihm/ihr 5 Minuten über die Frage aus: Wenn Sie noch einmal Ihren Tag Revue passieren lassen, was beschäftigt Sie jetzt noch?

- In den Gruppentreffen befassen sich die Kinder intensiv mit der Person Jesu Christi. Für das Kind können nun Fragen auftauchen, mit denen es nach Hause kommt. Vielleicht hat es aber auch in den Treffen eigene Erfahrungen gemacht, über die es mit Ihnen sprechen möchte. Wie stehen wir als Erwachsene zu Jesus Christus und welche Bedeutung hat er für unser Leben? Dies ist das Thema dieses Abends.

3. Schritt: Überblick zum Design des Abends – auf einem Flipchart visualisieren

Thema: Jesus Christus und seine Bedeutung für mich

- Ganz verschiedene Bilder von Jesus Christus sollen zum Thema hinführen.
- In kleinen Gesprächsgruppen werden einander die unterschiedlichen Bilder vorgestellt. Es geht dann um die Frage: Welches Bild von Jesus Christus wollen Sie Ihrem Kind vermitteln?
- Anschließend werden unterschiedliche Aussagen der Heiligen Schrift zu Jesus Christus vorgestellt und auf ihre Bedeutung für mein Leben hinterfragt.
- Persönliches Fazit zum Inhalt des Treffens.
- Feedback und Abschluss.

4. Schritt: Auseinandersetzung mit dem Thema

Aus einer Bildkartei (z.B. Christusbilder – zwischen Provokation und Tradition – Folien, Farbbilder, Erklärungen, Religionspädagogisches Seminar der Diözese Regensburg, Niedermünstergasse 2, 93043 Regensburg) werden ganz verschiedene Bilder zu Jesus Christus ausgelegt.

„Suchen Sie sich bitte für das Gespräch in den Kleingruppen ein oder zwei Bilder aus. Auswahlkriterium sollte sein: Welches Bild von Jesus Christus (positiv oder negativ) ist Ihnen vertraut, und welches Bild Jesu Christi möchten Sie Ihrem Kind vermitteln?“

Während die TeilnehmerInnen sich für ein oder zwei Bilder entscheiden, kann im Hintergrund leise Musik spielen. (Bsp.: Deuter/CICADA, Kuckuck Schallplatten/E.R.P. Musikverlag, Habsburgerplatz 2, 80801 München, 1982)

Entsprechend der Teilnehmerzahl werden für ca. 20–30 Minuten Dreier- oder Vierergruppen gebildet. (Wenn bereits ErwachsenenkatechetInnen ausgebildet sind, übernehmen diese die Gesprächsleitung in der Kleingruppe. Ist dies noch nicht der Fall, so bestimmt die Kleingruppe selbst, wer der Leitung übernimmt.)

Austausch über die Auswahl der Bilder
- Warum habe ich dieses Bild ausgewählt?
- Welches Christusbild hat mich geprägt?
- Welches Bild von Christus möchte ich meinem Kind vermitteln?

Austausch über verschiedene Schriftstellen der Frohen Botschaft
Suchen Sie sich bitte aus den verschiedenen Schriftstellen der Frohen Botschaft eine heraus, die Sie persönlich anspricht (positiv oder negativ). Die Schriftstellen sind als Kopiervorlage zu verwenden und in der Anzahl der TeilnehmerInnen zu vervielfältigen. Ergänzungen der TeilnehmerInnen sind in den Freiräumen möglich.

Ich bin der Weg, die Wahrheit und das Leben.	Joh 14,6
Wenn ihr mich liebt, werdet ihr meine Gebote halten.	Joh 14,15
Kommt alle zu mir, die ihr euch plagt und unter Lasten stöhnt, ich werde euch Ruhe verschaffen.	Mt 11,28
Wo zwei oder drei in meinem Namen versammelt sind, da bin ich mitten unter ihnen.	Mt 18,20
Wollt auch ihr weggehen?	Joh 6,67
Ich bin das Brot des Lebens.	Joh 6,48
Kommt, folgt mir nach.	Mk 4,19
Ich bin gekommen, damit sie das Leben haben und es in Fülle haben.	Joh 10,10
Ihr seid das Salz der Erde.	Mk 5,13
Geht zu allen Völkern, und macht alle Menschen zu meinen Jüngern.	Mt 28,19

Ich bin bei euch alle Tage bis zum Ende der Welt.	Mt 28,20
Lasst die Kinder zu mir kommen.	Mt 19,14
Seid also wachsam! Denn ihr wisst nicht, an welchem Tag euer Herr kommt.	Mt 24,42
Ihr aber, für wen haltet ihr mich?	Mk 8,29
Liebet eure Feinde.	Lk 6,27
Gebt, dann wird auch euch gegeben werden.	Lk 6,38
Selig die Trauernden, denn sie werden getröstet werden.	Mt 5,4

Gesprächsimpulse:

- Was spricht Sie an dieser Textstelle besonders an? Was fordert Sie heraus?
- Welche Bedeutung messen Sie Jesus Christus in Ihrem Leben zu?

5. Schritt: Fazit aus der Sicht des Teilnehmers/der Teilnehmerin

Was hat sich durch das Gespräch an Ihrem Bild von Jesus Christus verändert? Hat sich etwas verändert? Tauschen Sie sich bitte kurz, für ca. 5 Minuten, mit Ihrem rechten Nachbarn/Ihrer rechten Nachbarin hierüber aus!

6. Schritt: Feedback und Abschluss des Abends

Ich möchte Sie nun bitten, in einer Blitzlichtrunde einander und der Leitung mitzuteilen, welchen Gewinn Sie aus dem Abend mitnehmen und was Sie dalassen möchten. Drei Gegenstände lege ich zur Anregung in die Mitte: Die Tasche steht für: Was nehmen Sie für sich persönlich mit? Das Schatzkästchen steht für: Was ist Ihnen besonders wichtig geworden? Und der Stein steht für: Was möchten Sie hier lassen? Wenn Sie im Plenum nichts sagen möchten, dann geben Sie das Wort bitte einfach an den Nächsten weiter.

7. Verabschiedung

Dank für das Engagement am Abend und die Begleitung der Kinder im Kurs. Wenn die Situation es zulässt, kann ein passender Text vorgelesen und anschließend zum Mitnehmen ausgelegt werden.

→ Thema für ein nächstes Treffen könnte sein: Taufe – mit allen Wassern gewaschen sein? Was willst du, dass ich dir tun soll? – Wunder und Zeichen Jesu Christi; Wenn einer gibt, was er hat, dann werden alle satt – Meine Lebens-Mittel.

2. Elterntreffen im Rahmen der Elternarbeit zum Thema: Umkehr – wohin? – Zu einem Leben in Fülle

Ziel:

Die TeilnehmerInnen sollen Umkehr als einen Weg zu einem Leben der Fülle für sich selbst entdecken können sowie Zeit finden zur Ruhe.

1. Schritt: Ambiente/Raumgestaltung

- Raumgestaltung mit einem Mittenbild
- Persönliche Begrüßung der Eltern
- Tee und Gebäck stehen als Angebot auf einem Tisch bereit
- Stuhlkreis und Tischgruppen
- Musik im Hintergrund

2. Schritt: Ankommen

- Begrüßung aller TeilnehmerInnen
- Fragestellungen zum Ankommen:
  - „Bilden Sie bitte für einen kurzen Augenblick einen Innen- und einen Außenkreis, sodass Ihnen ein Partner oder eine Partnerin gegenübersteht! Tauschen Sie sich bitte kurz, etwa 5 Minuten, über die Frage aus: Was hat Sie heute besonders belastet, woran tragen Sie noch?“

– „Den Innenkreis bitte ich nun vier Schritte nach links zu gehen, sodass Ihnen ein neuer Partner oder eine neue Partnerin gegenübersteht! Was war heute für Sie von bleibendem Wert?" – 5 Minuten.

Es lassen sich für das Ankommen auch andere Fragestellungen finden, wichtig ist es, eine offene Atmosphäre zu schaffen, auf Freiwilligkeit zu setzen und die TeilnehmerInnen aktiv in die Veranstaltung zu integrieren.

3. Schritt: Überblick zum Design des Abends – auf einem Flipchart visualisieren

Thema: Umkehr – wohin? – Zu einem „Leben in Fülle"

- Eine Bildbetrachtung soll ins Thema einführen
- In kleinen Gesprächsgruppen geht es um Fragen wie:
  Auf welches Ziel hin bin ich unterwegs?
  Wo finde ich Orte und Zeiten der Ruhe, um anhalten und nachdenken zu können?
- Persönliches Fazit zum Inhalt des Treffens
- Feedback und Abschluss.

4. Schritt: Auseinandersetzung mit dem Thema

Bildbetrachtung

Die TeilnehmerInnen werden gebeten, das Mittenbild zu betrachten und den Weg in Gedanken nachzugehen. Sinnvoll ist es, jedem Teilnehmer/jeder Teilnehmerin ein entsprechendes Handbild (vgl. Werkblatt der Kindermappe zur Katechese 5) auszuteilen.

Labyrinth von Chartes als Mittenbild vergrößert (z.B. mit dem Overheadprojektor auf einem Leinentuch nachgezeichnet). (Abb. s. Seite 43)

Was fällt Ihnen bei diesem Weg zur Mitte auf? Tauschen Sie sich bitte mit Ihrem Nachbarn/Ihrer Nachbarin darüber aus!

Impuls der Leitung

Zu sehen ist ein vollkommenes Bild. Es strahlt Harmonie aus und ruht in sich selbst. Es beschreibt einen Weg, der langsam nach innen führt, dabei immer wieder nach außen trägt, bis letztlich die Mitte erreicht ist.

Was ist die Mitte meines Lebens? – Woraufhin bin ich in meinem Leben unterwegs? Die beiden Fragen werden nun in die Mitte des Labyrinths gelegt.
Als Christen ist uns von Gott her ein „Leben in Fülle“ zugesagt.“ („Ich bin gekommen, damit sie das Leben haben und es in Fülle haben“ [Joh 10,10b]). Wenn wir kirchlicherseits von Umkehr sprechen, dann geht es immer um unsere Zukunft. Umkehr orientiert sich an einem „Leben in Fülle“, in der Gemeinschaft mit Jesus Christus, in der Gemeinschaft der Glaubenden, inmitten dieser Welt.
Ein „Leben in Fülle“ kann nicht allein gelebt werden. Es kommt erst in der Gemeinschaft zu seiner vollen Entfaltung. „Wo zwei oder drei in meinem Namen beisammen sind, da bin ich mitten unter ihnen“, sagt Christus. In der Gemeinschaft von Christen ist Jesus selbst gegenwärtig. Wo diese Nähe Jesu erlebbar wird, kann ich Vertrauen, Mut und Zuversicht schöpfen, die mir die Kraft geben, auf meinem Weg weiterzugehen und auch unerfüllte Erwartungen und Wünsche auszuhalten. Ein „Leben in Fülle“ gestaltet sich für jeden von uns anders.
Hier ist jeder ganz persönlich angesprochen. Um sich diese Fragen beantworten zu können, braucht es Orte der Ruhe, um anhalten und nachdenken zu können.

Kleingruppengespräche, anschließend Austausch im Plenum

Entsprechend der Teilnehmerzahl werden Dreier- oder Vierergruppen gebildet, um miteinander der Frage nachzugehen: Was heißt für mich „Leben in Fülle“? –

Wo finde ich Orte und Zeiten der Ruhe, um anhalten und nachdenken zu können?
Überlegen Sie bitte schon am Anfang, wer die drei wichtigsten Gedanken aus Ihrer Kleingruppe im *Plenum* vorstellt. Für das Gespräch in der Kleingruppe haben Sie 20 Minuten Zeit.

5. Schritt: Fazit und Feedback aus der Sicht des Teilnehmers/der Teilnehmerin

Jede/r ist eingeladen, sofern er/sie dies möchte, kurz und knapp dem Kreis und der Leitung mitzuteilen, was er/sie vom Abend mitnehmen möchte bzw. was er/sie dalassen wird.
Worin besteht für Sie persönlich der Gewinn oder der Mehrwert dieses Treffens?
Was ist Ihnen heute Abend wichtig geworden?
Womit hatten Sie Mühe?
Was möchten Sie der Leitung ins Stammbuch schreiben?

6. Schritt: Verabschiedung

Dank für das Engagement und die Begleitung der Kinder im Kurs.

→ Thema für ein nächstes Treffen könnte sein: Hilfen zur Gewissensbildung; Chancen und Grenzen zwischen Vergessen, Vergeben und Verzeihen; Versöhnung mit mir selbst, den anderen und mit Gott, wie geht das?

3. Elterntreffen im Rahmen der Elternarbeit zum Thema: Was brauchst du? – Sehnsucht nach Leben

Ziel:

Die TeilnehmerInnen sollen über das Gedicht von Friederike Mayröcker „Was brauchst du?“ reflektieren und Beziehungen zum eigenen Leben entdecken. Die Lebenshingabe Jesu soll in Brot und Wein persönlich gedeutet werden.

1. Schritt: Ambiente/Raumgestaltung

- Raumgestaltung mit einem Mittenbild: Blumen, Schale mit Brot und Kelch mit Trauben, Wein
- Persönliche Begrüßung der Eltern mit Getränken zum Anstoßen
- Getränketisch mit Wasser, Saft, Sekt oder Wein, Gläser
- Lebenssymbole auslegen (kleine Blumensträuße, Weinflaschen usw.)
- Stuhlkreis und Tischgruppen

2. Schritt: Ankunft der Eltern

- Begrüßung der Eltern mit einem Getränk und einem Trinkspruch: „Herzlich willkommen zu unserem Elterntreffen mit dem Thema: ‚Was brauchst du? – Sehnsucht nach Leben'. Schön, dass Sie da sind. Wie Sie bereits bemerkt haben, findet der heutige Abend in einem besonderen Ambiente statt. Ich wünsche uns, dass wir uns an diesem Abend wohl fühlen können und gute Gespräche miteinander haben werden. Lassen Sie uns darauf anstoßen: Auf eine gute Begegnung!"

3. Schritt: Überblick zum Design des Abends – auf einem Flipchart visualisieren

Thema: Was brauchst du? – Sehnsucht nach Leben

- Ein Gedicht von Friederike Mayröcker führt ins Thema ein
- Symbole des Lebens laden ein, der Frage nachzugehen: Was brauchst du?
- Im Kleingruppengespräch ist Gelegenheit, dieser Frage persönlich nachzugehen.
- Die Ausgangsfrage öffnet sich dann im Plenum zur Frage: Was brauchst du als ChristIn?
- Brot und Wein werden in der Eucharistiefeier zum Symbol für die Lebenshingabe Jesu Christi. Jesus Christus gibt sich mir in meine Hände, damit ich das Leben habe. – Ein persönliches Wort, ein Gedanke, der Ihnen dazu einfällt, einander mitgeteilt?
- Persönliches Fazit zum Inhalt des Treffens
- Feedback und Abschluss

4. Schritt: Auseinandersetzung mit dem Thema

Gedicht von Friederike Mayröcker vortragen

was brauchst du?

was brauchst du? Einen Baum ein Haus zu
ermessen wie groß wie klein das Leben als Mensch
wie groß wie klein wenn du aufblickst zur Krone
dich verlierst in grüner üppiger Schönheit
wie groß wie klein bedenkst du wie kurz
dein Leben vergleichst du es mit dem Leben der Bäume
du brauchst einen Baum du brauchst ein Haus
keines für dich allein nur einen Winkel ein Dach
zu sitzen zu denken zu schlafen zu träumen
zu schreiben zu schweigen zu sehen den Freund
die Gestirne das Gras die Blume den Himmel

*Friederike Mayröcker**

Was brauchst du? – Sie sind eingeladen, sich hier Symbole des Lebens auszusuchen, die etwas von dieser Frage bei Ihnen ansprechen. Sie dürfen Ihr Lebenssymbol am Ende des Abends auch gerne mit nach Hause nehmen. Nach Ihrer Wahl treffen wir uns in kleinen Gruppen hier im Raum, um unsere „Lebens-Mittel" zur Sprache zu bringen. Auch hier gilt dann wieder: Sie sagen bitte nur das, was Sie sagen möchten, ohne gegenseitige Bewertungen. (Ruhige Musik im Hintergrund)

Beispiele für Symbole des Lebens:
Kleine Blumensträuße, Musikkassetten, Weinflaschen, Kerzen, Textauszüge aus Büchern (evtl. mit Büchergutschein), Briefpapier, Obstschale mit Früchten, Waldgegenstände, Geldschein, Sand mit Muscheln, Theaterspielplan, Bibelausgaben, leere Karten mit Stiften, um eigene Notizen machen zu können.

Kleingruppengespräche

Entsprechend der Teilnehmerzahl werden für ca. 15–20 Minuten *Vierergruppen* gebildet, die sich mit Hilfe einer Gesprächsleiterin oder eines Gesprächslei-

* Aus: Notizen auf einem Kamel. © Suhrkamp Verlag Frankfurt am Main 1996.

ters über die Frage austauschen: Warum haben Sie dieses Symbol gewählt, und wie beantworten Sie die Frage: Was brauchst du? Die Gesprächsinhalte bleiben in der Kleingruppe und werden nicht noch einmal im Plenum wiederholt.

Die Kleingruppen treffen sich nun wieder im *Plenum.* Was brauchst du? – Diese Frage lässt sich nur ganz individuell beantworten. Vielleicht schwingt bei dieser Frage auch ein wenig Sehnsucht mit, Sehnsucht nach einem erfüllten Leben.

Vielleicht wurden uns dann auch Zeiten, besondere Augenblicke bewusst, in denen sich mein/unser Leben verdichtet. Solche Erfahrungen sind nicht alltäglich, nicht beliebig wiederholbar, oft nicht planbar, z.B. der erste Kuss, die erste große Liebe, der Abschied von einem Freund, die Geburt meines Kindes, die Schönheit einer Landschaft, um nur einiges zu nennen.

Mitunter erinnern wir uns gern an solche Augenblicke. Vielleicht haben Sie sich einen Stein oder eine Muschel aus dem Urlaub mitgebracht, ein geschenkter Blumenstrauß wird getrocknet und erinnert an eine wunderschöne Begegnung, die ersten Schuhe der Kinder werden aufgehoben, der letzte Brief und ein Bild erinnern an den verstorbenen Vater. Ich denke, Sie kennen dies, es gibt Dinge, die uns heilig sind, weil sie etwas von uns selbst wieder lebendig, gegenwärtig werden lassen.

Gespräch mit der Nachbarin oder dem Nachbarn

Ich möchte unsere Ausgangsfrage erweitern: „Was brauchst du – als Christ/in?" Tauschen Sie sich bitte für einen Augenblick (etwa 15 Minuten) mit Ihrer Nachbarin/Ihrem Nachbarn darüber aus!

Ich stelle nun das *Brot in der Schale und die Weintrauben im Kelch* in unsere Mitte. In einem Kirchenlied heißt es: „Herr, wir bringen in Brot und Wein unsere Welt zu dir, du schenkst uns deine Gegenwart im österlichen Mahl." Brot und Wein werden in der Eucharistiefeier zum Zeichen für die Lebenshingabe Jesu – für uns, zu Leib und Blut Christi. Im Zeichen des Brotes legt *Er* sich mir in die Hände, damit ich das Leben habe und es in Fülle habe. Welches Wort, welcher Gedanke fällt Ihnen hierzu ein? (Je nach Situation kann dieses sehr persönliche Wort ohne weiteren Kommentar ins Plenum gesprochen werden, oder jede Teilnehmerin/jeder Teilnehmer nimmt es unausgesprochen als persönliche Anregung mit nach Hause.)

5. Schritt: Fazit und Feedback aus der Sicht des Teilnehmers/der Teilnehmerin

Wenn Sie an den Verlauf des heutigen Abends denken, was ist Ihnen besonders wichtig geworden? Gibt es etwas, was Sie hier lassen möchten oder was Sie der Leitung sagen wollen?

6. Schritt: Verabschiedung

Dank für das Engagement und die Begleitung der Kinder im Kurs.
Wenn Sie möchten, dürfen Sie ihr Lebens-Mittel gerne mit nach Hause nehmen.

→ Themen für weitere Treffen könnten sein: Sakramente, Zeichen der Nähe Gottes; Kommunion bedeutet Gemeinschaft mit Jesus Christus und untereinander; Sonntag, Zeit für mich, Zeit für uns, Zeit für Gott.

4. Bausteine für weitere Themen in der Elternarbeit

Übersichtsschema

Die hier vorgestellten Themen orientieren sich am inhaltlichen Kursverlauf der Kindergruppen. Diese Themenübersicht versteht sich als Hilfe für die ErwachsenenkatechetInnen. Die Formulierung der Themen ist der Arbeitshilfe *Elterngespräche zu Eucharistie und Buße* entnommen, in der die entsprechenden Katechesen zu finden sind:

Elterngespräche zu Eucharistie und Buße. Bausteine und Materialien, Deutscher Katecheten-Verein, München, 3. Auflage 1991

Zu den Jesuskatechesen	
Biblische Zugänge (zum Thema Versöhnung)	Seite 60–63
Gedächtnis Jesu Christi	Seite 39

Zu den Versöhnungskatechesen	
Erfahrungen der Eltern	Seite 48f
Theologie und Buße	Seite 50
Kleine Geschichte des Bußsakramentes	Seite 55
Liturgie der Buße	Seite 56–59
Biblische Zugänge	Seite 60–63
Erfahrung von Schuld und Sünde	Seitc 64–70
Die Hinführung der Kinder zu Buße und Beichte	Seite 72–78
Buße und Versöhnung im Leben der Familie	Seite 75–78
Zu den Eucharistiekatechesen	
Eucharistie – Mitte des Lebens / Theologischer Überblick	Seite 30
Wandlungen im Eucharistie-Verständnis	Seite 33
Grundriss der Heiligen Messe	Seite 35f
Brot und Wein	Seite 37f
Gedächtnis Jesu Christi	Seite 39
Hingabe – Opfer	Seite 40–43
Dankbarkeit, eine religiöse Grundhaltung	Seite 44f
Gemeinschaft – Communio	Seite 46

Die nachfolgend vorgestellten Themen orientieren sich wiederum am inhaltlichen Kursverlauf der Kindergruppen. Diese Themenübersicht versteht sich als Hilfe für die ErwachsenenkatechetInnen. Die Formulierung der Themen ist der Arbeitshilfe *Baukasten Erwachsenenkatechese* entnommen, in der die entsprechenden Katechesen zu finden sind:

Baukasten Erwachsenenkatechese. 49 Bausteine für katechetische Gespräche mit Erwachsenen, Deutscher Katecheten-Verein, München, 3. Auflage 1997

Zu den Jesuskatechesen	
Beten: sprechen – schweigen – hören	Seite 14
Feiern – Leben deuten und zum Ausdruck bringen	Seite 29
Glauben – meine Beziehung zu Gott gestalten	Seite 46
Gott – Gottesbilder, Gotteserfahrungen	Seite 49
Jesus Christus – Bilder und Begegnungen	Seite 55
Name – mehr als ein Rufwort	Seite 79
Vater unser – zwischen Himmel und Erde	Seite 104
Wunder – kaum zu glauben	Seite 111
Zu den Versöhnungskatechesen	
Angst – aus der Enge ins Weite	Seite 11
Bußsakrament/Beichte – ein Fest?	Seite 17
Freiheit – Wie frei bin ich wirklich?	Seite 34
Frieden/Schalom – Sehnsucht des Menschen	Seite 36
Gewissen/Verantwortung – weil Regeln nicht ausreichen	Seite 43
Schuld/Sünde – eine Ermutigung	Seite 91
Streiten – das will gekonnt sein	Seite 96
Versöhnung – mit dem ganz anderen	Seite 106
Zehn Gebote – zehn An-Gebote, zehn Zusagen Gottes	Seite 113

Zu den Eucharistiekatechesen	
Auferstehung – Begegnung auf dem Weg nach Emmaus	Seite 12
Eucharistie – Brot, das mich leben lässt	Seite 25
Kirche/Gemeinde – Erfahrungen und Erwartungen	Seite 64
Sakramente – Zeichen der Nähe Gottes	Seite 83
Sonntag – zwischen Wunsch und Wirklichkeit	Seite 94

C. AUF DEM WEG ZUR ELTERNKATECHESE

a. Einführung zur Elternkatechese

1. Elternkatechese braucht Erwachsenenkatechetinnen und Erwachsenenkatecheten

Unter den derzeitigen gesellschaftlichen und kirchlichen Bedingungen setzt eine verantwortbare Kinderkatechese die Einbeziehung der Eltern voraus. Eltern sind die ersten KatechetInnen ihrer Kinder, es gehört zu ihren Aufgaben, ihr Kind auf dem Weg zur Erstkommunion zu begleiten und im Rahmen ihrer Möglichkeiten zu unterstützen. Die Elternkatechese braucht überschaubare kleine Gruppen, in denen ein Austausch möglich wird, sodass die Fragen der Eltern zur Sprache kommen können und der Glaube als Lebenshilfe erfahrbar werden kann.
Die Bildung einer Elterngruppe kann in Entsprechung zur Kindergruppe, in freier Auswahl durch die Eltern oder auch nach dem jeweiligen Wohngebiet erfolgen. Inhaltlich orientieren sich die Elternkatechesen an der Beziehung der Eltern zu ihrem Kind. Die Rolle als Vater oder Mutter steht im Mittelpunkt der Aufmerksamkeit.
Wer Elternkatechesen in kleinen Gesprächsgruppen initiieren will, kommt ohne die Mitarbeit von ErwachsenenkatechetInnen nicht aus. Eigenverantwortlich planen, gestalten und begleiten ErwachsenenkatechetInnen die Elterngruppen bei ihren Treffen. Ausgangs- und Bezugspunkt der Elternkatechesen sind immer die Themen der Eltern, die in einem ersten Treffen gemeinsam vereinbart werden. So ist es durchaus realistisch, dass z.B. in vier Elterngruppen inhaltlich an vier verschiedenen Themen gearbeitet wird. Dies gilt es bei der Planung der Elternkatechesen und bei den regelmäßigen Treffen im Kreis der ErwachsenenkatechetInnen entsprechend zu berücksichtigen.
Vorgegebene, modellhafte Elternkatechesen können nur bedingt verwendet werden, da die inhaltliche Ausrichtung der Katechese sich an der je unterschiedlichen Lebenssituation von Eltern orientieren muss. Aufgrund der Vielfalt möglicher Themen ist es nicht angezeigt, für alle eventuellen Themen entsprechende Mo-

dellkatechesen auf Vorrat zu entwickeln. Viel wichtiger ist es, den Weg der Entstehung einer Katechese zu beschreiben, damit Elternkatechesen situationsbezogen immer wieder neu entworfen werden können.
Das „Kursbuch zur katechetischen Arbeit mit Eltern“ folgt diesem Ansatz. Im Teil A steht Ihnen ein Übersichtsschema zur Konzipierung einer Katechese zur Verfügung (vgl. S. 24ff).
Der Teil B stellt Elternabende und weitere katechetische Bausteine vor, die die Beziehung der Eltern zu ihrem Kind und ihre Rolle als Vater oder Mutter ansprechen. Im Teil C werden die für Eltern tatsächlich relevanten Themen erkennbar, so dass die inhaltliche Ausrichtung weiterer Treffen zur Elternkatechese gemeinsam mit den Eltern verabredet werden können. Erst jetzt sind die ErwachsenenkatechetInnen in der Lage, entsprechende Elternkatechesen situationsbezogen zu entwickeln.

b. Katechetische Bausteine auf dem Weg zur Elternkatechese

1. Einführung

Die hier vorgestellten Bausteine eröffnen Eltern die Möglichkeit, ganz individuell ihre Beziehung zu ihrem Kind zu reflektieren. Eltern werden so in ihrer Rolle als Vater oder Mutter angesprochen. Mit der weiterführenden Frage: Was braucht Ihr Kind?, gelingt es, einerseits für Eltern relevante Themen zu identifizieren, anderseits bleibt die Elternkatechese dadurch nicht nur bei einer augenblicklichen Zustandsbeschreibung stehen. Die Beziehung zwischen dem Elternteil und dem Kind wird auf zukünftiges Handeln hin geöffnet. Elternkatechese verwirklicht so das oberste Ziel katechetischen Handelns: „dem Menschen zu helfen, dass sein Leben gelingt, indem er auf den Zuspruch und den Anspruch Gottes eingeht“ (vgl. Das katechetische Wirken der Kirche. Arbeitspapier der Gemeinsamen Synode der Bistümer in der Bundesrepublik Deutschland 1974, A3).

2. Einige Hinweise zur Arbeit mit den Bausteinen

- Jeder Elternteil bringt sich in den Verlauf des Treffens so ein, wie er oder sie dies für angemessen hält. Es darf kein Gruppendruck entstehen!
- Der Respekt vor der Meinung der anderen verlangt es, auf Bewertungen von Richtig und Falsch zu verzichten.
- Die hier vorgeschlagene Arbeitsweise führt ggf. schnell auf eine sehr persönliche Ebene. Aufgabe der Leitung ist es, sicherzustellen, dass die Persönlichkeit der TeilnehmerInnen geschützt bleibt.
- Wenn im Verlauf eines Bausteins ein Austausch der TeilnehmerInnen nicht vorgesehen ist, um z.B. die Intimität des Einzelnen zu schützen, dann bedeutet dies nicht, dass man auf einen Austausch ganz verzichten muss. Es liegt im Ermessen der Leitung, in der jeweiligen Situation zu entscheiden, was die Gruppe weiterbringt. Was in der einen Gruppe möglich ist, kann in einer anderen Gruppenkonstellation unmöglich sein.

3. Bausteine auf dem Weg zur Elternkatechese

3.1 Farbbild – Mit Farben ein Bild gestalten

1. Zielformulierung

Die TeilnehmerInnen sollen individuell in ihrer Beziehung zu ihrem Kind angesprochen werden. Hierzu erfolgt kein Austausch im Plenum, damit die Diskretion und Intimität der Beziehung gewahrt bleibt.
Die Fragestellung: Was braucht Ihr Kind für seine Entwicklung, damit es seinen Weg im Leben finden kann?, soll die Eltern anregen, Themen zu benennen, die sie als Eltern im Hinblick auf ihr Kind beschäftigen.
Aus der Vielzahl möglicher Themen sollen die Eltern ein Thema auswählen, an dem sie als Elterngruppe weiterarbeiten möchten.

2. Ambiente und Raumgestaltung (Mittenbild ist als Weg zu gestalten)

3. Ankommrunde der Eltern entwerfen

4. Den Verlauf im Überblick vorstellen

5. Auseinandersetzung mit dem Thema

Jeder Elternteil bekommt ein DIN-A4-Papier, eine Schachtel Pastell-Ölkreide mit 12 Farben (z.B. Jaxon-Kreide) und ggf. eine Schreibunterlage.

Aufgabenstellung:

- 1. Schritt:
  Welche Farben sind für Ihr Kind charakteristisch? Gestalten Sie mit den ausgewählten Farben ein Bild zu Ihrem Kind! Die Bilder sprechen Ihre persönliche Sprache, es findet kein gemeinsamer Austausch dazu statt.
  Zeit: 15 Minuten

- 2. Schritt:
  Die gemalten Farbbilder können nun, ohne weitere Erklärungen, zum Mittenbild hinzugelegt werden.
  Jetzt gilt es der Frage nachzugehen: Was braucht Ihr Kind für seine Entwicklung, damit es seinen Weg im Leben finden kann? Die TeilnehmerInnen notieren ihre Gedanken auf Moderationskarten (9,5 cm x 20 cm), pro Gedanke eine Moderationskarte. Die beschriebenen Karten werden nun ebenfalls zum Mittenbild hinzugelegt.
  Zeit: 5 Minuten

- 3. Schritt:
  Nun wählen die Eltern aus der Vielzahl der Themen eines aus, an dem sie in der Elterngruppe weiterarbeiten wollen.
  Welches der hier benannten Themen ist für Sie interessant, macht Sie neugierig und lockt Sie für unser nächstes Treffen zu einem vertieften Austausch?
  Die Elterngruppe vereinbart nun ihr Thema für die nächste Elternkatechese.

6. Persönliches Fazit der TeilnehmerInnen

7. Feedback zum Verlauf des Abends

8. Ausklang des Treffens

Zum Ende unseres Treffens habe ich uns eine Musik ausgewählt, die Ihnen Gelegenheit gibt, Ihre Gedanken zum heutigen Abend noch einmal Revue passieren zu lassen:
CD Rainer Molzahn, Farb-Phantasien, PLS Verlag, Best.Nr. 617 425, Musikstück: Farbe Rot; Dauer 5:50.
Dank an die TeilnehmerInnen und persönliche Verabschiedung.

3.2 Bewegliche Figur – Welche Haltung ist für Ihr Kind charakteristisch?

1. Zielformulierung

Die TeilnehmerInnen sollen individuell in ihrer Beziehung zu ihrem Kind angesprochen werden. Hierzu erfolgt kein Austausch im Plenum, damit die Diskretion und Intimität der Beziehung gewahrt bleibt.
Die Fragestellung: Wenn Sie an Ihr Kind denken, was braucht Ihr Kind für seine Entwicklung, damit es seinen Weg im Leben finden kann?, soll die Eltern anregen, Themen zu benennen, die sie als Eltern im Hinblick auf ihr Kind beschäftigen.
Aus der Vielzahl möglicher Themen sollen die Eltern ein Thema auswählen, an dem sie als Elterngruppe weiterarbeiten möchten.

2. Ambiente und Raumgestaltung (Mittenbild aussuchen und gestalten)

3. Ankommrunde der Eltern entwerfen

4. Den Verlauf im Überblick vorstellen

5. Auseinandersetzung mit dem Thema

Jeder Elternteil sucht sich aus einer Anzahl von beweglichen Figuren eine Figur zur Darstellung seines Kindes aus.

Aufgabenstellung:

- 1. Schritt:
  Welche Haltung ist für Ihr Kind momentan typisch, charakteristisch? Drücken Sie diese Haltung mit Hilfe Ihrer Figur aus! Sie können die Figur durch Biegen einzelner Teile immer wieder neu verändern, so lange, bis Sie davon überzeugt sind, jetzt ist die Haltung stimmig. Anschließend findet kein gemeinsamer Austausch dazu statt, damit die Intimität gewahrt bleibt.
  Zeit: ca. 10 Minuten

- 2. Schritt:
  Die Figuren können nun, ohne weitere Erklärungen, zum Mittenbild hinzugelegt werden. Jetzt gilt es, der Frage nachzugehen: Wenn Sie an Ihr Kind denken, was braucht Ihr Kind für seine Entwicklung, damit es seinen Weg im Leben finden kann? Die TeilnehmerInnen notieren ihre Gedanken auf Moderationskarten (9,5 cm x 20 cm), pro Gedanke eine Moderationskarte. Die beschriebenen Karten werden nun ebenfalls zum Mittenbild hinzu gelegt.
  Zeit: 5 Minuten

- 3. Schritt:
  Nun wählen die Eltern aus der Vielzahl der Themen eines aus, an dem sie in der Elterngruppe weiterarbeiten wollen.
  Welches der hier benannten Themen ist für Sie interessant, macht Sie neugierig und lockt Sie für unser nächstes Treffen zu einem vertieften Austausch?
  Die Elterngruppe vereinbart nun ihr Thema für die nächste Elternkatechese.

6. Persönliches Fazit der TeilnehmerInnen

7. Feedback zum Verlauf des Abends

8. Ausklang des Treffens

Zum Ende unseres Treffens habe ich uns eine Musik ausgewählt, die vielleicht Ihre Gedanken zum heutigen Abend noch einmal anspricht:
CD werde mit mensch, saitensprünge, Prof. Dr. Bernward Hoffmann, Kath. Fachhochschule Mainz, Saarstr.2, 551222 Mainz, Tel. 06131 3866-0, Fax. 06131 386650, Tauflied; Dauer 2:39.
Dank an die TeilnehmerInnen und persönliche Verabschiedung.

3.3 Eine Reisegesellschaft – Was braucht Ihr Kind wirklich, um seine Zukunft gestalten zu können?

1. Zielformulierung

Die TeilnehmerInnen sollen individuell in ihrer Beziehung zu ihrem Kind angesprochen werden. Hierzu erfolgt kein Austausch im Plenum, damit die Diskretion und Intimität der Beziehung gewahrt bleibt.
Die Fragestellung: Wenn Sie an Ihr Kind denken, was braucht Ihr Kind für seine Entwicklung, damit es seinen Weg im Leben finden kann?, soll die Eltern anregen, Themen zu benennen, die sie als Eltern im Hinblick auf ihr Kind beschäftigen.
Aus der Vielzahl möglicher Themen sollen die Eltern ein Thema auswählen, an dem sie als Elterngruppe weiterarbeiten möchten.

2. Ambiente und Raumgestaltung
(Ein Zugabteil mit sechs Stühlen als Mittenbild gestalten)

3. Ankommrunde der Eltern entwerfen

4. Den Verlauf im Überblick vorstellen

5. Auseinandersetzung mit dem Thema

- 1. Schritt:
  Szenisches Anspiel der Leitung im Kreis der Eltern: Vorbereitet sind sechs Stühle, angeordnet wie in einem Zugabteil.

Anspiel:
Erstkommunionvorbereitung erinnert mich manchmal an eine Reisegesellschaft. Da sind viele unterwegs. Das Ziel ist klar, es geht um die Feier der Erstkommunion. Unterschiedliche Menschen steigen am Bahnhof in den Zug. Eine bunte Gesellschaft kommt da zusammen. Kinder drängeln sich durch den Zug und suchen nach ihrem Platz. Erwachsene schleppen Koffer und suchen nach einem freien Abteil. Glücklich, wer einen Platz gefunden hat! Schnell kommen erste Gespräche auf. Man unterhält sich über Kinder und was Kinder so alles brauchen, um in Zukunft bestehen zu können:

ErzählerIn setzt sich auf einen Stuhl.
„Also ich bin davon überzeugt, in einer Informationsgesellschaft wie der unseren geht in Zukunft ohne Computer gar nichts!" – zeigt ein Notebook und sagt weiter: „Damit müssen Kinder umgehen können!"
Notebook wird auf den Sitz gelegt und die Leitung sucht sich einen anderen Platz.
„Das sehe ich aber ganz anders!", meint die Nachbarin. „Früher konnte man noch mit Eigentum und Besitz über die Runden kommen. Heute dagegen brauchen Kinder unbedingt Wissen. Ohne Bildung gibt es heute kein Fortkommen!" – Legt einen Stapel Bücher auf den Sitz und sucht sich einen neuen Platz.
„Von wegen Wissen!", meint der smarte Banker von gegenüber. „Nur wer risikobereit ist, investiert und sich durchsetzen kann, kommt weiter. Wenn Kinder dies nicht frühzeitig lernen, dann haben sie geloost!" – Legt das Handelsblatt und einen Taschenrechner auf den Platz.
„Ich weiß nicht, ob ich es Ihnen zumuten kann!" – ErzählerIn holt ein Kreuz aus der Tasche und legt es auf den Platz.

- 2. Schritt:
  Was denken Sie? Was braucht Ihr Kind wirklich, um seine Zukunft gestalten zu können? Die TeilnehmerInnen notieren ihre Gedanken auf Moderationskarten (9,5 cm x 20 cm), pro Gedanke eine Moderationskarte. Die beschriebenen Karten werden nun in die Mitte gelegt, sodass sie gut lesbar bleiben.
  Zeit: 10 Minuten

- 3. Schritt:
  Nun wählen die Eltern aus der Vielzahl der Themen eines aus, an dem sie in der Elterngruppe weiterarbeiten wollen.
  Welches der hier benannten Themen ist für Sie interessant, macht Sie neugierig und lockt Sie für unser nächstes Treffen zu einem vertieften Austausch?
  Die Elterngruppe vereinbart nun ihr Thema für die nächste Elternkatechese.

6. Persönliches Fazit der TeilnehmerInnen

8. Feedback zum Verlauf des Abends

9. Ausklang des Treffens

Zum Ende unseres Treffens habe ich uns eine Musik ausgewählt, die vielleicht Ihre Gedanken zum heutigen Abend noch einmal anspricht:
CD Reinhard Mey, Mein Apfelbäumchen, Lied: Zeugnistag; Dauer: 4:19.

3.4 Legematerial und Tücher – Welches Legebild passt zu Ihrem Kind?

1. Zielformulierung

Die TeilnehmerInnen sollen individuell auf ihre Beziehung zu ihrem Kind hin angesprochen werden. Hierzu erfolgt kein Austausch im Plenum, damit die Diskretion und Intimität der Beziehung gewahrt bleibt.
Die Fragestellung: Was braucht Ihr Kind für seine Entwicklung, damit es seinen Weg im Leben finden kann?, soll die Eltern anregen, Themen zu benennen, die sie als Eltern im Hinblick auf ihr Kind beschäftigen.
Aus der Vielzahl möglicher Themen sollen die Eltern ein Thema auswählen, an dem sie als Elterngruppe weiterarbeiten möchten.

2. Ambiente und Raumgestaltung (Mittenbild aussuchen und gestalten)

3. Ankommrunde der Eltern entwerfen

4. Den Verlauf im Überblick vorstellen

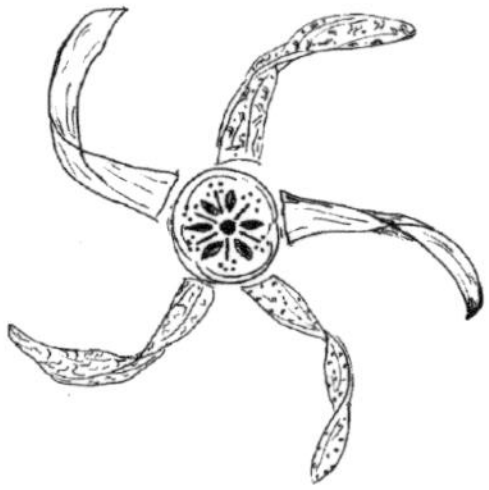

5. Auseinandersetzung mit dem Thema

Jeder Elternteil wählt aus einer Anzahl von Tüchern und Legematerial seine Materialien aus.

Aufgabenstellung:

- 1. Schritt:
  Welche Farben passen zu Ihrem Kind? Gestalten Sie um unsere Mitte mit den ausgewählten Materialien ein charakteristisches Bild zu Ihrem Kind! Was ist für Ihr Kind typisch, kennzeichnend?
  Die Bilder sprechen Ihre persönliche Sprache, es findet kein gemeinsamer Austausch dazu statt.
  Zeit: 20 Minuten

- 2. Schritt:
  Jetzt gilt es, der Frage nachzugehen: Was braucht Ihr Kind für seine Entwicklung, damit es seinen Weg im Leben finden kann? Die TeilnehmerInnen notieren ihre Gedanken auf Moderationskarten (9,5 cm x 20 cm), pro Gedanke eine Moderationskarte. Die beschriebenen Karten werden nun ebenfalls zum Mittenbild hinzugelegt.
  Zeit: 5 Minuten
- 3. Schritt:
  Nun wählen die Eltern aus der Vielzahl der Themen eines aus, an dem sie in der Elterngruppe weiterarbeiten wollen.
  Welches der hier benannten Themen ist für Sie interessant, macht Sie neugierig und lockt Sie für unser nächstes Treffen zu einem vertieften Austausch?
  Die Elterngruppe vereinbart nun ihr Thema für die nächste Elternkatechese.

6. Persönliches Fazit der TeilnehmerInnen

7. Feedback zum Verlauf des Abends

8. Ausklang des Treffens
Zum Ende unseres Treffens habe ich uns eine Musik ausgewählt, die Ihnen Gelegenheit gibt, Ihre Gedanken zum heutigen Abend noch einmal Revue passieren zu lassen:
CD Reinhard Horn, Werner Horn, Meditationsmusik – Auf den Flügeln meiner Seele, Kontakte Musikverlag, Windmüllerstr. 31, 59557 Lippstadt, Tel. 02941 14513, Fax 02941 14654, Musikstück Stille; Dauer: 8:40.
Dank an die TeilnehmerInnen und persönliche Verabschiedung.

3.5 Übertragbarkeit der Bausteine für die Erwachsenenkatechese

Die hier vorgestellten katechetischen Bausteine sind grundsätzlich auch auf die Erwachsenenkatechese übertragbar. Bezugspunkt ist dann nicht mehr die Rolle als Vater oder Mutter und die Beziehung zum Kind, sondern der Lebenskontext als Erwachsener. Die weiterführende Fragestellung kann dann heißen: Was beschäftigt mich, was treibt mich um, was gibt mir Perspektiven zum Leben?

3.6 Zur Gestaltung weiterer Elternkatechesen

Steht das Thema für das nächste Elterngespräch fest, dann kann die Elternkatechese entsprechend geplant und entworfen werden. Wichtig für die Gestaltung der Elternkatechese ist es, sich an der katechetischen Schrittfolge von: Leben – Deuten – Feiern zu orientieren. Es gilt, das Ineinander von Leben und Glauben zu entdecken. Der je eigene thematische Lebensbezug wird jetzt zum Ausgangs- und Bezugspunkt der Elternkatechese. Im Dialog und in der Auseinandersetzung mit dem Thema gilt es, das Wirken Gottes im Leben des Einzelnen zu entdecken und im Licht des Evangeliums deuten zu lernen (vgl. Kursleiterbuch, Seite 14ff). Elternkatechese muss jetzt den Horizont auf Gott hin öffnen, damit Lernen aus dem Glauben möglich werden kann, neue Sichtweisen und Perspektiven aus dem Glauben entstehen können.

3.7 Bausteine für die inhaltliche Gestaltung von Elterngesprächen in der Eltern- und Erwachsenenkatechese

Übersichtsschema

Diese Themenübersicht versteht sich als Hilfe für die inhaltliche Gestaltung der Elterngespräche im Rahmen der Eltern- und Erwachsenenkatechese. Die Formulierung der Themen ist der Arbeitshilfe *Elterngespräche zu Eucharistie und Buße* entnommen, in der die entsprechenden Katechesen zu finden sind:

Elterngespräche zu Eucharistie und Buße. Bausteine und Materialien, Deutscher Katecheten-Verein, München, 3. Auflage 1991

Zur Gestaltung des Kirchenjahres	
Einander Zeit schenken (Familiennachmittag in der Fastenzeit)	Seite 42
Zu aktuellen Themen in Familie und Gemeinde	
Kommunionvorbereitung der Kinder in der Gemeinde	Seite 14f
Das Fest in der Gemeinde: Erstkommunion	Seite 16f

Die Kommunionkerze	Seite 18
Das Kommunionkleid	Seite 19
Der Festtag in der Familie	Seite 22–25
Vorbereitung in und mit der Familie	Seite 26f
Geschenke zum Erstkommuniontag	Seite 28

Diese Formulierung der Themen ist der Arbeitshilfe *Baukasten Erwachsenenkatechese* entnommen, in der die entsprechenden Katechesen zu finden sind:

Baukasten Erwachsenenkatechese. 49 Bausteine für katechetische Gespräche mit Erwachsenen, Deutscher Katecheten-Verein, München, 3. Auflage 1997

Zur Gestaltung des Kirchenjahres	
Advent – Symbole und Zeichen	Seite 7
Heiliger Geist – „Gott und Gabe“	Seite 52
Taufe – getauft für das ganze Leben	Seite 99
Weihnachten – Gott möchte in mir geboren werden	Seite 109
Zu aktuellen Themen in Familie und Gemeinde	
Credo – glauben kann man nicht allein	Seite 19
Ehe – was Gott verbunden hat	Seite 23
Familie – welche ist noch, welche war je „intakt“?	Seite 28
Geburt – Schwelle zum neuen Leben	Seite 38
Mann/Frau – typisch, oder?	Seite 71
Mutter/Vater – die ersten Götter ihrer Kinder	Seite 77

Religiöse Erziehung – in der Familie glauben lernen	Seite 81
Scheidung tut weh	Seite 85
Tod/Trauer – trauern, um wieder leben zu können	Seite 101

c. Gemeinsame Veranstaltungen von Eltern und Kindern im Kursverlauf

Von Seiten der Gesellschaft führt eine fortschreitende Ausdifferenzierung aller Lebensbereiche zu einer „Entgrenzung“ und zu einer Vielzahl von Möglichkeiten, sein Leben zu gestalten. Der Einzelne wird zum Drehbuchautor, Regisseur und Hauptdarsteller der eigenen Lebensgeschichte (vgl. Materialbrief GK, 2/99, Dr. Claudia Hofrichter, Spiel mir das Lied vom Leben, Seite 4). Individualisierung und eine zunehmende Innenorientierung des Menschen sind die Folge. Gesucht wird der ganz persönliche Lebensstil auf dem Hintergrund eigenen Erlebens. Lebensqualität wird immer mehr als inneres Erleben beschrieben. Erleben ist alles und ohne Erlebnis ist nichts. „Erlebe dein Leben“ wird zum kategorischen Imperativ unserer Zeit.
Bei den gemeinsamen Veranstaltungen von Eltern und Kindern soll „Communio“ (Gemeinschaft) konkret erlebt und erfahrbar werden. Aus vereinzelten Familien kann so eine Gemeinschaft entstehen, die aufgrund gemeinsamer Erlebnisse zusammenfindet.
Wenn z.B. die Väter mit den Kindern gemeinsam im Pfarrzentrum übernachten, sich zuvor bei einer Nachtwanderung bewährt haben, um dann den Tag am Lagerfeuer mit Gitarre und einem Segensgebet zu beschließen, dann schafft dies eine gelebte Gemeinschaft, die auch über den Kursverlauf hinaus von bleibendem Wert sein wird.

1. Einige weitere Beispiele für gemeinsame Veranstaltungen von Eltern und Kindern

- Seit Tagen laufen allerlei Vorbereitungen. Kieselsteine wurden in Massen besorgt. Ein ganzes Päckchen Kreide wird wohl gebraucht werden, ein selbst gebauter Zirkel mit einer Spannweite von ca. 4 m ist seit Tagen fertig. Nun kann es endlich losgehen. Alle Familien des Kommunionkurses haben sich für heute Nachmittag auf dem Kirchenvorplatz verabredet. Als Erstes wird der Platz gekehrt, dann kommt der riesige Zirkel zum Einsatz. Mit Kreide wird das Labyrinth von Chartres auf den Kirchenvorplatz übertragen. Alle Kurven werden von Hand mit der Kreide gezeichnet. Tausende von Kieselsteinen werden fein säuberlich auf die Linien gelegt. Nun ist es fertig, das begehbare Labyrinth von Chartres. Da werden die GottesdienstteilnehmerInnen aber staunen. Wer will, kann den Weg zur Mitte selbst gehen, um so das Thema des Familiengottesdienstes hautnah zu erleben.
- Nicht wieder zu erkennen ist der große Saal im Pfarrzentrum. Mitten im Raum liegt ein orientalischer Teppich, auf dem ein großer, sehr gemütlicher Ohrensessel steht. Daneben steht eine große Stehlampe und auf dem Beistelltisch neben dem Sessel liegt ein großes Buch mit einem kostbaren Ledereinband. Auf dem Boden sitzen etwa 70 Kommunionkinder mit ihren Geschwistern und warten gespannt, wann es losgeht. Die Eltern unterhalten sich unterdessen noch. Aber irgendwie liegt Spannung in der Luft. Endlich geht es los, mit viel Applaus betritt der Märchenerzähler den Raum. Nach der Begrüßung der Kinder und ihrer Eltern nimmt der Märchenerzähler in seinem Ohrensessel Platz. Jetzt geht das Licht aus, nur die Stehlampe brennt. Alle Familien hören das erste Märchen zum Thema „Erlösung".
- Eltern und Kinder treffen sich in Gruppen, und zwar 20 Meter hoch und auf engstem Raum. In „luftiger Höhe" heißt im Glockenturm bei den Glocken N. und N. (sich zuvor nach den Namen erkundigen, z.B. „Christkönig", „Aureus und Justina", „Maria Himmelskönigin" usw.). Es ist für alle spannend, denn: „Hoffentlich sind wir wieder unten, bevor die Glocken zur halben Stunde läuten." Bei der alternativen Kirchenführung „Wenn Himmel und Erde sich verbinden" (vgl. Kursleiterbuch S. 79ff) geht es also zu Anfang hoch hinaus, dem Himmel entgegen. Jetzt liegen auf dem Weg nach unten wieder etwa 110 Treppenstufen vor den TeilnehmerInnen. – An der Kirchentür warten schon die

anderen Familien des Kommunionkurses. Mitten im Kircheneingang liegt ein kostbares Tuch auf dem Boden. Erfahrungsgemäß geht jeder sehr achtsam darüber hinweg in den Kirchenraum. Jetzt beginnt sogar die Orgel leise zu spielen. Nachdem Groß und Klein ein Opferlicht in den Händen halten, sucht jede Familie gemeinsam nach Orten, an denen sich die einzelnen Familienmitglieder wohl fühlen, die sie interessieren oder vielleicht auch provozieren. Hat jeder seinen Ort gefunden, werden die Kerzen dort aufgestellt und angezündet. Danach sucht sich jede Familie einen Platz in einer Kirchenbank. Überall brennen nun an den unterschiedlichsten Orten die Opferlichter. Manche stehen ganz alleine da, an anderen Orten brennen viele Kerzen. Das Orgelspiel hört auf. Es wird ganz still, keiner spricht etwas, alle staunen über die vielen Kerzen in der Kirche. Es können so um die 200 sein. Auf einmal beginnt der Altar zu reden: „Ich bin der Altar. Mein Name kommt eigentlich aus der lateinischen Sprache. Dort heiße ich ‚altus', was so viel heißt wie ‚hoch' und ‚erhaben' …" Auch ein Kirchenfenster und der Beichtstuhl melden sich zu Wort und erzählen. Nach einem gemeinsamen Kanon endet die alternative Kirchenführung. Viele sind auf den nächsten Sonntagsgottesdienst gespannt, wenn die Kerzen wieder entzündet werden und ein weiterer Ort von sich erzählt.

D. ZENTRALE AUSBILDUNGSINHALTE ZUR QUALIFIZIERUNG VON ERWACHSENEN-KATECHET(INN)EN

a. Grundlegendes zur Erwachsenenkatechese

1. Zehn gute Gründe für die Erwachsenenkatechese in kleinen Gruppen

- Weil die Chance besteht, die Lebenssituation der Eltern besser ernst und anzunehmen,
- weil echter Dialog und Austausch von Leben und Glauben die überschaubare Gruppe braucht,
- weil nur in kleinen Gruppen intensive Beziehungen zueinander möglich werden können,
- weil die Überschaubarkeit Rede und Gegenrede ermöglicht,
- weil in kleinen Gruppen der Mut wächst, Persönliches zur Sprache zu bringen,
- weil hauptamtliche Mitarbeiterinnen und Mitarbeiter, die mit der bisherigen Situation der Elternarbeit unzufrieden sind, nach neuen Möglichkeiten suchen,
- weil Hilfen gegeben werden für die Gestaltung des religiösen Lebens in der Familie,
- weil Eltern sich gegenseitig bestärken und stützen können,
- weil ein Rahmen besteht für das Glaubensgespräch, das sonst nirgends organisiert wird.

2. Werbung von ErwachsenenkatechetInnen

Um Elterngruppen katechetisch begleiten zu können, braucht es in der Gemeinde geeignete MitarbeiterInnen, die geworben, qualifiziert und begleitet werden.

Auch in kleinen Gemeinden, wo die Eltern durch hauptamtliche MitarbeiterInnen begleitet werden könnten, empfiehlt es sich, ehrenamtliche ErwachsenenkatechetInnen in die Begleitung von Elterngruppen mit einzubeziehen. Eltern können Eltern begleiten, weil sie ihre Erfahrungen mit religiöser Kindererziehung und ihr eigenes Suchen und Fragen authentisch in das Gespräch einbringen können.

Die Werbung von ErwachsenenkatechetInnen geschieht am besten durch persönliches Ansprechen. Bei der Auswahl von geeigneten Frauen und Männern werden zuvor Kriterien bedacht, die für die Übernahme dieser Aufgabe als Voraussetzung angesehen werden (von den verantwortlichen Hauptamtlichen, dem Pfarrgemeinderat und aus der Sicht von KatechetInnen). Eine entsprechende Beauftragung der Gemeinde (vertreten durch Mitglieder aus dem Pfarrgemeinderat oder dem Pfarrer) ist sinnvoll.

Fazit: Wie komme ich zu ErwachsenenkatechetInnen?

- Durch persönliche Ansprache (ehemalige GruppenleiterInnen, ehemalige MitarbeiterInnen aus Familiengottesdienstvorbereitungskreisen usw.).
- Gemeinsam mit den GruppenleiterInnen der Kindergruppen werden geeignete Frauen und Männer namentlich benannt, die dann für die Aufgabe als ErwachsenenkatechetInnen angefragt werden können. Ein erstes unverbindliches Informationstreffen aller Interessierten führt in die Aufgabe einer ErwachsenenkatechetIn ein, ermöglicht ein erstes Kennenlernen aller Interessenten, skizziert Art und Umfang der Ausbildung und beschreibt die Rolle des Erwachsenenkatecheten/der Erwachsenenkatechetin. Eine Entscheidung zur Mitarbeit und zur Teilnahme an einem Ausbildungskurs erfolgt erst danach.
- Wichtig sind auch entsprechende Hinweise in der örtlichen Presse und in den pfarrlichen Mitteilungen. In der Praxis zeigt sich immer wieder, dass neue, bisher nicht engagierte MitarbeiterInnen über Pressemitteilungen ansprechbar sind.

3. Begleitung von ErwachsenenkatechetInnen

Ist die Ausbildung der ErwachsenenkatechetInnen abgeschlossen, eine Beauftragung durch Pfarrgemeinderat oder Pfarrer erfolgt, so ist eine kontinuierliche

Begleitung der ErwachsenenkatechetInnen unverzichtbar. Jedes Treffen der Elterngruppen muss eigens im Kreis der ErwachsenenkatechetInnen vorbereitet und besprochen werden. Dazu sollte etwa einmal im Monat ein Treffen stattfinden. Zu Beginn eines Treffens werden die Erfahrungen mit der vergangenen Erwachsenenkatechese ausgetauscht, Fragen und Schwierigkeiten besprochen und aufgearbeitet. Im weiteren Verlauf stellen die ErwachsenenkatechetInnen ihre Entwürfe für das nächste Treffen in den Elterngruppen vor. Erste Eindrücke zu Stärken und Schwächen der Katechese werden benannt und weitere Ideen zur Überarbeitung zusammengetragen. Wenn irgend möglich, sollte jetzt eine der besprochenen Katechesen im Kreis der ErwachsenenkatechetInnen erlebt werden.

b. Wichtige Kursinhalte zur Ausbildung von ErwachsenenkatechetInnen

Die hier vorgestellten Katechesen gehören grundlegend zu den Kursinhalten für die Ausbildung von ErwachsenenkatechetInnen. Hier werden die persönlichen Glaubenswege thematisiert und mit dem Glauben der Kirche in Beziehung gesetzt. So wird es möglich, Rolle und Aufgaben eines Erwachsenenkatecheten/einer Erwachsenenkatechetin zu beschreiben.
Katechetisches Arbeiten muss sich immer an Jesus Christus ausrichten, biblische Texte und Gestalten können helfen, sich selbst darüber wieder neu zu vergewissern.
Je nach Aufgabenstellung ergeben sich weitere Kursinhalte. ErwachsenenkatechetInnen in der Taufkatechese benötigen andere Kursbausteine (z.B. eine Auseinandersetzung mit der Lebenswende Geburt, theologische Zugänge zur Feier der Taufe usw.) als beispielsweise ErwachsenenkatechetInnen in der Bibelarbeit.
Es empfiehlt sich, zu Beginn der Ausbildung wichtige Fragestellungen und Themenwünsche der TeilnehmerInnen zu sammeln und in den Kursverlauf zu integrieren.
Die Erfahrungen aus der Praxis haben gezeigt: Jeder Ausbildungskurs ist anders. Keiner lässt sich einfach wiederholen, immer wieder gilt es sich neu auf die TeilnehmerInnen und die entsprechende Aufgabenstellung einzustellen.

1. KatechetIn sein

1.1 Katechese 1 – Was brauche ich an Fähigkeiten und Grundhaltungen in der Weitergabe des Glaubens?

Ziel: Austausch der TeilnehmerInnen über Fähigkeiten und Grundhaltungen einer Katechetin/eines Katecheten für die Weitergabe des Glaubens

Gruppeneinteilung:
- Spielleitung
- 6 MitspielerInnen
- BeobachterInnen in der Anzahl der verbleibenden TeilnehmerInnen

Inhalt:
Mitten im Pazifik wurde eine Insel entdeckt, deren Bewohner noch keinerlei Kontakt zu anderen Kulturkreisen hatten.
Nachdem die Entdecker eine Zeit lang mit den Inselbewohnern zusammengelebt haben, zeigen diese ihr Interesse am Glauben der Christen. Als die Entdecker zu Hause davon berichten, chartert eine engagierte Gruppe von Katecheten ein kleines Boot und nimmt für ihre Aufgabe folgende Ausrüstung mit *(die Ausrüstungsgegenstände werden auf je einer DIN-A5-Text- oder Bildkarte notiert und in die Mitte der Gruppe gelegt):*
- eine Heilige Schrift
- das Verständnis für den Umgang mit biblischen Texten
- einen Katechismus
- die Fähigkeit, Glaubensfragen beantworten zu können
- eine Sammlung mit Geschichten christlicher Vorbilder und Heiligen
- die Kunst des Erzählens
- die Fähigkeit, anderen Menschen zuzuhören, ihre Fragen zu verstehen und zu vertiefen, und die Bereitschaft, gemeinsam nach Antworten zu suchen
- die gläubige Gewissheit, von Gott geliebt zu sein
- eine persönliche Biographie, die mit der Glaubens- und Moralvorstellung der Kirche übereinstimmt

Kurz vor dem Auslaufen des Bootes stellt sich heraus, dass die Ladung zu schwer ist. Die Gruppe der Katecheten muss sich entscheiden, auf welche Ausrüstung sie bereit ist zu verzichten. Vier Gegenstände oder Teile müssen ausgesondert werden. Falls die Gruppe noch etwas anderes mitnehmen möchte, was bisher nicht aufgelistet ist, so ist dies möglich, wenn dafür ein weiteres Teil aussortiert wird.

Aufgabe:
Jede/r überlegt in einem ersten Schritt allein, welche Gegenstände er/sie mitnehmen möchte. Anschließend erfolgt ein Austausch und eine Entscheidung in der Gruppe. Für das Gespräch in der Gruppe ist es wichtig, die eigene Meinung zu begründen.

Fortsetzung der Spielidee:
Auf hoher See gerät das kleine Boot in schweres Unwetter. Um die Weiterfahrt nicht zu gefährden, müssen nochmals zwei Ausrüstungsteile ausgesondert werden.

Auswertung im Plenum:
- MitspielerInnen und Spielleitung: Wie ist es mir ergangen? Was hat mich gestört? Was ist mir wichtig geworden?
- BeobachterInnen: Wie habe ich die SpielerInnen und die Spielleitung in ihrem Verhalten erlebt? Gab es Momente, wo ich mich gerne beteiligt hätte? Wie hätte ich entschieden?

Welche Fähigkeiten und Grundhaltungen sollte ein/e ErwachsenenkatechetIn mitbringen?

Leopold Haerst, in Materialbrief Gemeindekatechese 1/88, Deutscher Katecheten-Verein, München

1.2 Katechese 2 – Biblische Vergewisserung für die Begleitung von Glaubenswegen am Beispiel von Apostelgeschichte 8

Ziel: Die KatechetInnen sollen den Schrifttext für sich selbst erschließen und Elemente entdecken, die ihr katechetisches Wirken biblisch fundieren.

Vorbemerkung
Diese Katechese ist eine Beispielkatechese in doppelter Hinsicht, und zwar in Bezug auf das inhaltliche Ziel und in Bezug auf den katechetischen Umgang mit biblischen Texten. Weitere biblische Textstellen für das Thema „Die Begleitung

von Glaubenswegen im Glaubensgespräch" sind Lk 24, die Begegnung mit dem Auferstandenen, und das Buch Jona, die Geduld Gottes mit seinen MitarbeiterInnen.

Biblischer Text

Apostelgeschichte 8 – Philippus und der Kämmerer

1. Schritt - Einführung

Die katechetische Begleitung einer Gruppe nimmt Maß an biblischen Texten (aus dem Alten und dem Neuen Testament). Biblische Texte geben uns die Richtung an, wie Glauben gelernt werden kann.

2. Schritt - Bibelarbeit (Apg 8)

- Der Text wird ausgeteilt und einmal laut vorgelesen.
- Die TeilnehmerInnen sammeln spontane Eindrücke zum Text.
- Der Weg des Textes wird visualisiert.

Blaues Tuch für Wasser ↓ Gelbe Tücher für die Wüste ↓

↑ ↑ ↖ 2 Biblische Figuren

Osterkerze ist Symbol für:
– Auferstehung Jesu
– die Taufe des Eunuchen

Kreuz ist Symbol für
– die Erniedrigung Jesu
– die Erniedrigung des Eunuchen

- Text wird noch einmal gelesen.
- Betrachtung des Eunuchen: Wie wird er beschrieben?
  – reich (Schatzverwalter)

– mächtig (Hofbeamter)
– fromm (Jerusalempilger)
– gedemütigt (Eunuch)

(*Erläuterung:* Ein Eunuch ist nach frommer jüdischer Sichtweise ein Verschnittener, der nicht als ganzer Mann gilt. Dies hat zur Folge, dass er im Gottesdienst, im Tempel nicht als vollwertiger Teilnehmer gilt. Er muss schweigen, wie die Frauen und die unmündigen Kinder.)

- Was hat der Kämmerer beim Lesen der Jesaja-Stelle wohl empfunden?
  – Er kann sich mit dem Schaf identifizieren
  – Er ist ratlos
- Betrachtung des Philippus – was tut Philippus?
  – Er gehorcht dem Auftrag Gottes
  – Er folgt dem Wagen des Kämmerers
  – Er fragt nach dem Verständnis der Schrift
  – Er lässt sich einladen
  – Er verkündet das Evangelium, indem er die Lebenssituation des Kämmerers aufgreift und sie verknüpft mit dem Lebensschicksal Jesu.

3. Schritt – Umsetzung für das Glaubensgespräch mit Erwachsenen

Erarbeitung von Elementen für die katechetische Arbeit mit Erwachsenen

- Katechese heißt „Einsteigen in das Leben". Philippus lässt sich ganz ein auf das, was den Kämmerer bewegt. Er fragt nach dessen Wünschen und begleitet dessen Weg so lange, bis er nicht mehr gebraucht wird.
- Katechese heißt „Leben und Schrift miteinander verknüpfen". Philippus nimmt die unverständliche Schriftstelle aus dem Alten/Ersten Testament als Ausgangspunkt und verkündet:
  – Das Lamm bist *du* mit deiner Demütigung.
  – Das Lamm ist *Christus* mit seiner Demütigung (vgl. Vers 32).

  Das Kreuz wird auf den Weg gelegt:
  – Christus, das Lamm, ist auferstanden.
  – Du kannst mit ihm auftauchen aus deiner Erniedrigung (vgl. Vers 33).

  Die Osterkerze wird auf den Weg gestellt und entzündet:
  – Katechese heißt: gedeutetes Leben feiern. Der Eunuch möchte zu Christus gehören, und Philippus tauft ihn.

4. Schritt - Abschluss der Katechese
Zum Abschluss ggf. das Lied: „Wir sind getauft auf Christi Tod“ (GL 220,3) oder ein frei formuliertes Gebet.

2. Mein Glaube

2.1 Katechese 3 – Wie habe ich glauben gelernt?

Ziel: Die TeilnehmerInnen sollen sensibel werden für ihren eigenen Lebens- und Glaubenweg.

1. Schritt: Eine Phantasiereise
Eine Phantasiereise kann zu der Aufgabenstellung hinführen. Dazu liegen oder sitzen die TeilnehmerInnen entspannt und mit geschlossenen Augen: Ich gehe die Stationen meines Lebens langsam durch. Meine Geburt – In welche Familie und Situation bin ich hineingeboren? Die ersten Lebensjahre – Wo habe ich sie verbracht? Der Schulanfang – In welche Schulen bin ich gegangen? – Mein Weißer Sonntag – An wen kann ich mich noch erinnern? Die Pubertät – Meine erste große Liebe. Der Beruf – Welchen Beruf habe ich gewählt? Meine Partnerschaft – Was ist mir wichtig geworden? Die Kinder – Wie haben sie sich entwickelt? Welche Bilder, Personen, Erfahrungen steigen in Ihrer Erinnerung auf? – Wer oder was hat sie auf Ihrem Lebens- und Glaubensweg geprägt?

2. Schritt: Gestaltung meines Lebensweges
Die TeilnehmerInnen gestalten nun die Bereiche ihres Lebensweges, die ihnen im Moment wichtig sind.

Inhalt: Die TeilnehmerInnen gestalten mit bereitliegenden Legematerialien ihren Lebensweg.

Material: Musik, bunte Tücher, Steine, Perlen, Herbstfrüchte, Teelichter, Holzplättchen, Ringe, Wolle u.a.m.

Alternativ:
Die TeilnehmerInnen gestalten ihren Lebensbaum mit Ton (Keramiplast).

Material: Musik, Ton, Tonwerkzeuge wie Messer, Holzstücke, Draht, Zahnstocher, Nägel u.a.; Becher für Wasser, kleine Spanplatten als Unterlage, Pappe, Papier, Wachsmalkreide.

3. Schritt: Austausch

Rundgespräch: Welche Stichworte fallen mir zu meinem Lebens- und Glaubensweg ein? Was hat mich geprägt? Was ist mir besonders wichtig und wertvoll?

4. Schritt: Fazit

Was nehmen Sie von diesem Treffen mit nach Hause? (Was war Ihnen wichtig, was hat Ihnen Mühe bereitet, welche Vorschläge haben Sie für unsere weiteren Treffen?)

2.2 Zur Katechese 4 – Mein katechetisches Verständnis muss sich an Jesus Christus ausrichten – Jesus als Katechet

Ziel: Die KatechetInnen sollen Schrifttexte und biblische Gestalten kennen lernen, die ihre katechetische Arbeit begründen.

1. Emmaus-Perikope (Lk 24,13–35)

- Katechese heißt: *„Unterwegs-Sein" im Glauben.* – Im Miteinander-Reden „entbrannte" das Herz. Im Gespräch über die Ereignisse, die den Menschen gerade bewegen, wird das Erlebte gedeutet. Neue Sichtweisen der Erfahrungen werden ermöglicht durch den Hinweis auf „die Propheten der Schrift". Das Erlebte wird zum Ausgangspunkt des Gesprächs; das Gespräch bleibt aber nicht beim Erlebten stehen, sondern stellt es in einen größeren Sinn-Zusammenhang.
- Katechese heißt: *„Hinführung zum Zeichen, zur Feier des Glaubens".* – Was im Wort gedeutet und so in einen neuen Sinn-Zusammenhang gebracht wurde, wird im Zeichen des Wieder-Erkennens „real präsent". Eine bereits angedeutete Wirklichkeit wird nun im Zeichen des Brotes noch einmal verdichtet. In dieser Verdichtung wird der Sinn des Erlebten noch augenscheinlicher, greifbarer und dadurch wieder neu. Die Feier des erlebten und gedeuteten Lebens schafft eine neue Wirklichkeit.
- Katechese heißt: *„Sendung in den Alltag".* – Die Jünger laufen voll Freude zurück, weil das gedeutete und im Symbol des Brotes gesehene neue Leben kei-

nen Aufschub duldet. Jetzt ist nicht Ausruhen, sondern Eile geboten. Die gute Nachricht, im Herzen angenommen und mit den Augen gesehen, wird voll Freude bezeugt.

2. Der barmherzige Vater und seine Söhne (Lk 15,11–32)

- Katechese heißt: *„den eigenen Weg suchen"*. – Beide Söhne treffen Entscheidungen für ihren Lebensweg. Beide Söhne erleben und erleiden die Konsequenzen ihrer Entscheidungen. Der Vater ermöglicht jedem die Freiheit der Entscheidung. Zugleich bleibt er selbst der barmherzige Vater, der sich über neu getroffene Entscheidungen freuen kann.
- Katechese heißt: *„umkehren lernen"*. – Der „verlorene" Sohn weiß um die Güte seines Vaters. Das ermöglicht ihm eine Heimkehr. Seine neue Entscheidung ist keine Rückkehr, sondern Heimkehr mit all dem, was sich inzwischen ereignet hat. Er lernt, sich lieben zu lassen. Der Lern-Erfolg des Bruders steht aus. Der Vater zwingt keinen.
- Katechese heißt: *„sich in Frage stellen lassen"*. – Der gute Sohn erwartet sich insgeheim den Lohn vom Vater für seine Leistung. Erst die Güte des Vaters zum heimgekehrten Sohn lässt ihn seinen Wunsch auch aussprechen. Er steht durch die Einladung zum Fest des anderen vor der Frage, ob er die ungeteilte und von Leistungen unabhängige Liebe des Vaters auch für sich annehmen kann.

3. Das Gespräch Jesu mit der Frau am Jakobsbrunnen (Joh 4,1–26)

- Katechese heißt: *„in die Tiefe gehen"*. – Der Brunnen (Symbol für die Tiefenschichten menschlicher Erfahrung) ist Ort der Jesus-Begegnung. Das Reden „über" ist getragen von Einsicht, Beharrlichkeit und Geduld. Das Gespräch braucht Zeit. Der Gesprächspartner Jesus fragt geduldig nach. Seine Geduld macht Einsicht möglich. Seine Konfrontation ist niemals entblößend, bleibt aber gleichzeitig ehrlich und klar (wie das Wasser).
- Katechese heißt: *„neue Quellen erschließen"*. – Die reinigende Kraft für das Leben ist in jedem Menschen als (wenn auch verborgene) Quelle vorhanden. Der Gang zur Quelle wird nicht aufgezwungen, aber ermöglicht. Jesus moralisiert nicht, auch dogmatisch hat er nichts zu „verkünden". Das Gespräch über den realen Brunnen und das reale Wasser wird zur Verkündigung der frohen Botschaft. Die Zusage neuer Lebensmöglichkeiten lässt in der Frau die Frage rei-

fen, ob Jesus wohl der Messias ist. Mit dieser neuen Fragestellung kann die Frau leben, auch wenn die männliche Umwelt ihre Aussagen im Nachhinein abwertet.

- Katechese heißt: *„Zeugnis geben"*. – Die Frau führt andere Menschen zu Jesus. Sie behält nichts für sich. Ihre Freude gibt ihr die Möglichkeit, auch vor anderen zu sich selbst und ihrer Geschichte zu stehen. Sie macht keine Urheberrechte geltend. Auf ihr Wort hin kommen die anderen zum Glauben. Ihr (Schuld- und Glaubens-)Bekenntnis überzeugt.

4. Bekehrung der Bekehrten (Apg 10)

- Katechese heißt: *„mich als Kirche sehen lernen"*. – Petrus = Kirche = Ich. Alle Verben, die für die Tätigkeiten des Petrus gebraucht werden, sind übertragbar auf das Handeln der Kirche bzw. auf mein katechetisches Tun. Die Reihenfolge der Verben entspricht der Dynamik der Kirche, die letztlich von Gott in Gang gesetzt und vorangetrieben wird. Gott ist der Handelnde!
- Katechese heißt: *„sich als Bekehrter bekehren lassen"*. – Petrus (die Kirche, ich) wird in dem Maße Antwort finden auf eigene Fragen, wie er bereit ist, sich – Schritt für Schritt – auf die Herausforderungen des jeweiligen Augenblicks einzulassen. Bekehrung nicht als „weg von" sondern als „hin zu" ist ein dialogischer Prozess, der den anderen und sich selbst Mensch sein lässt. („Auch ich bin nur ein Mensch".)
- Katechese heißt: *„Gottes Wirken dankbar feiern"*. – Petrus ordnet die Sakramentenspendung an, weil Gott bereits seinen Geist geschenkt hat. Wer das Wirken Gottes im eigenen und mitmenschlichen Leben entdeckt hat, ist der Frage enthoben, welche Bedingungen auf Seiten des Beschenkten erfüllt sein müssen, um ein Sakrament empfangen zu können.

5. Petrus auf dem Wasser (Mt 14,22-33)

- Katechese heißt: *„an das andere Ufer vorausfahren" – „sich den Wellen und dem Wind aussetzen"*. Wer diesem Auftrag des Herrn entspricht, verlässt vertraute Sicherheiten und begibt sich in Gefahr. Das andere Ufer, die Wellen, der Wind sind für die heutige Situation der Kirche zu benennen. In solchen Situationen scheint sogar Jesus gespenstisch.
- Katechese heißt: *„sich dem Herrn anvertrauen"*. – Im Gespräch mit dem vermeintlichen „Gespenst" kann der Herr entdeckt und neues Vertrauen geweckt

werden. Das „Unmögliche“ kann sich ereignen, ist jedoch keine eigene Leistung.
- Katechese heißt: *„Jesus als den Sohn Gottes bekennen“*. – Die Erfahrung der Errettung aus Todesnot führt zum Bekenntnis.

6. Jesus als Lernender (Mk 7,24–30)
- Katechese heißt: *„sich dem Ungeplanten stellen“*. – Alles läuft anders als geplant: Jesu Anwesenheit kann nicht geheim gehalten werden, eine Frau „belästigt“ ihn mit ihren Sorgen, seine Belehrung stößt auf Widerspruch.
- Katechese heißt: *„Neues hinzulernen können“*. – Im Dialog mit der heidnischen Frau muss Jesus seine Argumentation korrigieren. Der Lehrer lernt!
- Katechese heißt: *„Konsequenzen ziehen“*.

7. Welche Ziele der katechetischen Arbeit verbinde ich mit biblischen Texten?
- Die Lebensfragen der Menschen sollen zur Sprache kommen.
- Die Deutung des Lebens aus dem Glauben soll zur Feier führen.
- Die Menschen sollen ihre Sendung entdecken und ergreifen.
- Die Entscheidung jedes Einzelnen ist gewollt.
- Für jeden soll „Heimkehr“ ermöglicht werden.
- Die Konfrontation mit der Güte Gottes soll Menschen in Frage stellen.
- Das Gespräch soll verständnisvoll und ehrlich zugleich sein.
- Katechese soll neue Sichtweisen des Lebens ermöglichen.
- Katechese soll zum Zeugnis ermutigen.

3. Mein Glaube und der Glaube der Kirche

3.1 Katechese 5 – Worauf es in der Katechese ankommt

Ziel: Austausch der TeilnehmerInnen über die Zusammenhänge von Glauben und Symbol. Die ErwachsenenkatechetInnen sollen sich mit ihrem Verständnis von Glaube und Symbol auseinander setzen. Durch die Puzzle-Übung sollen sie anfanghaft erspüren, dass das Zusammenlegen von unterschiedlichen Glaubenserfahrungen und Sichtweisen für ein katechetisches Tun unverzichtbar ist.

Inhalt

1. Jede/r TeilnehmerIn bekommt ein „Puzzle-Teil" in die Hand. (Die Teile wurden zuvor in der Anzahl der TeilnehmerInnen zugeschnitten. Als Bild eignet sich z.B. Sieger Köder, Pfingsten.) In Ruhe die TeilnehmerInnen ihr Teil betrachten lassen: Farben, Formen, Bedeutung.
2. Rundgespräch über die persönlichen Eindrücke: Was sehe ich in meinem Teilstück? Wie gefällt es mir?
3. Die TeilnehmerInnen versuchen nun die Teilstücke zu einem Ganzen zusammenzulegen. Anschließend wird das Bild als Ganzes betrachtet.
4. Rundgespräch in der Gruppe: Was sehe ich jetzt? Wie hat sich mein Einzelstück in das Ganze eingefügt? Wie hat es sich verändert?
5. Den Text „Glaube als Symbol" laut vorlesen.
6. Rundgespräch in der Gruppe: Wie empfinde ich diesen Text? Inwieweit greift er die Erfahrungen bei dem vorangegangenen Puzzlen auf?
7. Gemeindekatechese meint nicht in erster Linie die Weitergabe von gesichertem Glaubenswissen (Glaubenslehre, Dogmen der Kirche, Moralvorstellungen), vielmehr geht es um das Zusammenlegen von unterschiedlichen Erfahrungen und Sichtweisen des Glaubens.
8. Plenumsgespräch: Was halten Sie von dieser These?

Text „Glaube als Symbol"

Die alte Kirche nannte das Apostolische Glaubensbekenntnis „Symbolum". Symbolum kommt von „symballein", zu Deutsch: zusammenfallen, zusammenwerfen. Den Hintergrund bildet ein antiker Brauch: Zwei zusammenfügbare Teile eines Ringes, eines Stabes oder Täfelchens galten als Erkennungszeichen für Gastfreunde, Boten, Vertragspartner. Das entsprechende Stück zu besitzen berechtigte zum Empfang einer Sache oder einfach der Gastfreundschaft. Symbolum ist das Stück, das auf die Ergänzung im anderen weist und damit gegenseitiges Erkennen und Einheit schafft. Es ist Ausdruck und Ermöglichung von Einheit. (...) In der Bezeichnung des Glaubensbekenntnisses als Symbolum liegt so zugleich eine tiefe Deutung seines wahren Wesens vor. Denn in der Tat ist gerade dieses der ursprüngliche Sinn dogmatischer Formulierungen in der Kirche gewesen: gemeinsames Bekenntnis Gottes, gemeinsame Anbetung zu ermöglichen. Als Sym-bolum verweist es auf den anderen, auf die Einheit des Geistes im einen Wort.

Aus dem Gesagten folgt ein Weiteres: Es bedeutet, dass jeder Mensch den Glauben nur als „Symbolon", als unvollkommenes und gebrochenes Stück, in Händen hat, das seine Einheit und Ganzheit nur finden kann im Zusammenlegen mit den anderen: Nur im „symballein", im Ineinanderfallen mit ihnen, kann sich auch das „symballein", das Ineinanderfallen mit Gott ereignen. Glaube verlangt Einheit, ruft nach den Mitglaubenden, er ist vom Wesen auf Kirche bezogen. Kirche ist nicht eine sekundäre Organisierung von Ideen, die ihnen ganz ungemäß und daher bestenfalls ein notwendiges Übel wäre; sie gehört in einen Glauben notwendig hinein, dessen Sinn das Ineinander gemeinsamen Bekennens und Anbetens ist.

Diese Einsicht weist freilich auch noch in eine andere Richtung: Auch die Kirche selbst und als ganze hat den Glauben immer nur als „Symbolon", als gebrochene Hälfte, in den Händen, die allein in ihrem unendlichen Verweisen über sich selbst hinaus, auf das ganz Andere hin, Wahrheit sagt. Nur durch die unendliche Gebrochenheit des Symbols hindurch dringt der Glaube als die immer währende Selbstüberschreitung des Menschen zu seinem Gott vor.

(Vgl. Josef Ratzinger, Einführung in das Christentum, München 1968, Seite 66–68)

4. Weiterführende Literatur für die Ausbildung von ErwachsenenkatechetInnen

- Martin Moser / Helena Rimmele, Leben ist Begegnung, Verlag Herder, Freiburg i. Br. 1999
- Matthias Ball / Matthias Kaune / Ulrich Koch (Hg.), Werkbuch Erwachsenenkatechese, Bernward bei Don Bosco, München 1999
- Peter Hinsen, Spüren, dass Gott nahe ist. Katechese mit Erwachsenen, Matthias-Grünewald-Verlag, Mainz 1993
- Johannes Spölgen, Ehrenamtliche Mitarbeiter in der Gemeindekatechese, Verlag Herder, Freiburg i.Br. 1984
- Klaus W. Vopel, Handbuch für Gruppenleiter/innen, iskopress, Salzhausen 1994